'큰 외교'로 여는 '더 큰 대한민국':

평화·공영·포용의 외교 대전환

세계정치경제연구회 엮음

다해

'큰 외교'로 여는 '더 큰 대한민국': 평화·공영·포용의 외교 대전환

| 초판1쇄 | 2025년 6월 14일

| 엮 은 이 | 세계정치경제연구회
| 저　　자 | 공민석·김수한·김형종·연담린·윤성욱·이기현·임정관·장익현·조형진·주장환·최필수·하범식
| 주　　소 | 주소 경기도 오산시 한신대길 137 임마누엘관 5001
| 전　　화 | 031)379-0871
| 이 메 일 | hei@hei.re.kr
| 홈페이지 | http://hei.re.kr
| 펴 낸 곳 | 다해 02.2266.9247
| 등록번호 | 301-2011-069

| 인　　쇄 | 다해 02.2266.9247

값 25,0000원
ISBN 979-11-5556-294-9　93300

* 이 책의 내용은 저작권법의 보호를 받는 저작물이므로 무단 전재와 복제를 금합니다.

'큰 외교'로 여는 '더 큰 대한민국':
평화·공영·포용의 외교 대전환

세계정치경제연구회 엮음

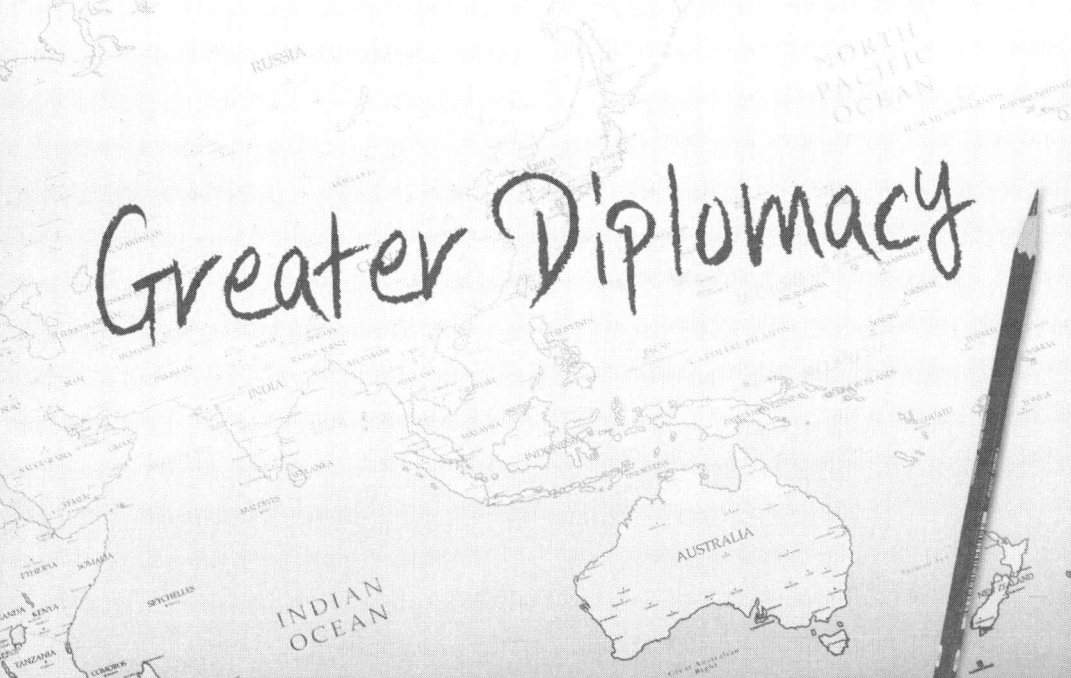

차 례

발간의 글 ··· 8

1부 | 세계질서 전환의 시대, 한국 외교·안보 정책은 어디로 가야 하는가?

1. 힘의 이동과 자유주의 질서의 위기 ·· 13
2. 미중 전략경쟁과 한국 외교·안보의 도전 ·· 21
3. 복합위기, 복합도전, 그리고 한국의 대응: 평화·공영·포용의 '큰 외교' ···· 29
4. 더 큰 대한민국을 위한 외교안보 거버넌스 ··· 37

2부 | 불확실성의 시대, 스스로 지켜나가는 더 큰 대한민국

1. 우리의 안보환경을 제대로 진단하고 있는가? ····································· 45
2. 국익 최우선 국방, 어떻게 할 것인가? ·· 53

| 3부 | 트럼프 시대, 상호존중의 새로운 한미관계 설정 |

1. 트럼프의 미국, 여전히 자애로운 패권국인가? ·················· 65
2. 트럼프의 역할 분담 요구, 그대로 수용해야 하는가? ·············· 70
3. 상생과 상호존중의 한미관계, 어떻게 가능한가? ················ 79

| 4부 | 미중갈등의 시대, 상생·혁신·공감의 한중관계 확립 |

1. 중국에게 한반도란 무엇인가? ····························· 87
2. 중국은 상생과 혁신의 동반자가 될 수 있는가? ················· 93
3. 혐중을 넘어 공감을 이룰 수 있을까? ······················· 103

5부 | 강대국 경쟁의 시대, 한국의 주변국 외교

1. 한일관계 재구축, 어디에서 출발해야 하는가? ········· 111
2. 러시아, 한반도의 안정을 위한 동반자가 될 수 있는가? ········· 119
3. 한미일 vs. 북중러 진영구도, 편승할 것인가? 타파할 것인가? ········· 129

6부 | 각자도생의 시대, 번영의 토대를 확대하는 글로벌 외교

1. 새로운 K-글로벌 외교, 어떻게 해야 하는가? ········· 139
2. 보호주의 확산 속에서 어떻게 경제안보를 실현할 것인가? ········· 145
3. 평화와 공영을 위한 한-아세안 파트너십은 가능한가? ········· 155
4. 한국과 유럽, 어떻게 협력의 시너지를 극대화 할 것인가? ········· 163
5. 글로벌사우스의 부상, 우리의 강점과 전략은 무엇인가? ········· 171

| 7부 | 남북 적대의 시대, 한반도 평화를 위한 새로운 남북관계 확립

1. 남북관계와 한반도 평화, 무엇이 문제인가? ············· 181
2. 남북 간 '차가운 평화'를 어떻게 만들어낼 것인가? ············· 187
3. 지속가능한 평화통일체제, '뜨거운 평화'는 실현 가능한가? ············· 195

| 8부 | "빛의 혁명"의 새로운 시대, 더 큰 대한민국을 향하여

1. K-이니셔티브를 어떻게 알리고 확장할 것인가? ············· 203
2. 세계한인·이주민과 함께 만드는 더 큰 대한민국은? ············· 210

발간의 글

　이 책 『'큰 외교'로 여는 '더 큰 대한민국': 평화·공영·포용의 외교 대전환』은 2024년 12월 3일 윤석열 정권의 헌정질서 파괴 시도, 소위 '친위쿠데타'를 전 국민의 저항으로 무산시킨 결과로 실시된 2025년 6월 3일 조기대선이 그 배경이다. 이 조기대선을 통해 출범한 대한민국 정부에게 '세계정치경제연구회'가 던지는 외교·안보 분야 전략 및 정책 제안이다.
　세계정치경제연구회는 대한민국 외교·안보 분야에서 '실천적 지식인'을 지향하는 97세대 학자들의 연구모임이다. '실천적 지식인'은 '기능적 지식인'과 대별되는 개념이다. 이들은 '한 사람의 열 걸음보다 열 사람의 한 걸음'의 가치를 소중히 여기고, 권위주의적이지 않은 자유주의적 태도를 가진 지식인이 되고자 한다. 또 97세대는 대학 기준 90학번과 출생년도 기준 70년대 이후의 학자들이라는 의미이다. 이들은 장강(長江)의 뒷물(後浪)이 되고자 부단히 노력할 것이다.
　세계정치경제연구회는 민주주의 회복 이후 대한민국 외교의 재정립이 단지 정책의 조정에 그쳐서는 안 되며, 근본적인 외교 패러다임의 전환이 필요하다는 문제의식을 가지고 있다. 한국 외교는 지금 자유주의 국제질서의 해체와 미중 전략경쟁의 격화, 경제안보와 군사안보의 결합, 글로벌 공급망의 재편, 탈세계화와 기후위기, 이주와 인권 문제의 복합위기라는 총체적 도전에 직면하고 있다. 특히 트럼프 전 대통령의 재집권 이후 세계질서는 더욱 빠르게 진영화되고 있으며, 한국에게는 기존 외교전략의 한계를 넘는 전면적 대응이 요구되고 있다. 이러한 배경 속에서 이 책은 한국 외교의 패러다임을 '작은 외교'에서 '큰 외교'로 전환해야 한다는 전략적 구상을 제안한다.

'큰 외교'는 단지 외교의 외연을 확장하는 것이 아니라, 국력에 걸맞은 외교적 자율성을 확보하고, 평화(Peace), 공영(Co-prosperity), 포용(Inclusion)의 3대 가치에 기초한 대외전략을 체계화하는 개념이다. 평화는 남북 간 적대의 시대를 넘어 '차가운 평화'를 정착시키고, 동북아 및 글로벌 평화 네트워크를 주도하는 외교를 의미한다. 공영은 개방형 통상국가로서 다자협력, 공급망 재편, 경제외교의 고도화를 통해 경제안보를 구축하는 전략이다. 포용은 재외동포, 이주민, 글로벌사우스 국가들과의 연대를 통해 외교의 사회적 기반을 확장하고, 공공외교의 민주화를 실현하는 방향을 뜻한다.

이러한 전략을 뒷받침하는 수단으로는 가치와 이익, 연루와 자율성, 보편과 특수 사이의 균형을 중시하는 조화, 외교무대를 한반도와 동북아에서 글로벌로 확장하는 개방, 그리고 위기 대응과 정책 실험을 적극 수행하는 창의가 핵심 원리로 제시된다. 나아가 이러한 전략이 실현되기 위해서는 외교안보 거버넌스의 전면적인 재편이 필수적이다. 대통령실의 정책 보좌기능 개편, 외교·통상 기능의 분리와 조정, 통상전담 조직 신설, 이민정책 총괄기구 설립, 국방의 문민화, 민간·지방외교의 제도화 등 실질적인 구조개혁이 요구된다.

　이 책은 '빛의 혁명'으로 표현되는 헌정질서 회복의 역사적 경험이 단지 국내정치에 그치지 않고, 외교안보 정책의 전환으로 이어져야 한다는 공동의 인식 아래 집필되었다. 세계정치경제연구회는 향후 한국이 동북아의 주변국이 아닌, 글로벌 공공재 창출의 주도국으로 자리매김할 수 있도록 다양한 정책 대안을 지속적으로 제안하고자 한다. 『'큰 외교'로 여는 '더 큰 대한민국'』은 그 첫 번째 실천이며, 민주주의와 외교의 새로운 미래를 설계하는 모든 이들에게 하나의 길잡이와 동시에 논의의 소재가 되기를 희망한다.

2025년 6월
세계정치경제연구회 회장 **주장환**

1부

세계질서 전환의 시대, 한국 외교·안보 정책은 어디로 가야 하는가?

1. 힘의 이동과 자유주의 질서의 위기

(1) 혼돈의 세계

위기의 시대다. 낡은 질서는 사라졌으나 새로운 질서의 전망은 여전히 불투명하다. 2025년 4월 5일, 트럼프 대통령은 전 세계 모든 국가에 10%의 보편 관세를 일방적으로 부과했다. 자유주의적 국제질서의 설계자였던 미국 자신이 앞장서서 다자주의를 훼손하고, 자유무역과 세계화를 부정하기 시작한 것이다. 이뿐만이 아니다. 트럼프 대통령은 미국이 대규모 무역적자를 기록하고 있는 15개 국가를 '더러운 15개국'으로 멸칭했다. 여기에는 한국, 일본, 캐나다, 멕시코, 유럽연합(EU), 인도 등 미국의 주요 동맹국들과 친미국가들이 포함됐다. 미국의 이익 앞에서는 동맹도, 다른 국가에 대한 존중도 중요하지 않다는 태도다.

위기의 징후는 트럼프 이전, 2007-08년 글로벌 금융위기의 충격과 함께 이미 드러났다. 금융위기로 패권국 미국의 취약성이 적나라하게 드러났고, 미국은 패권의 중장기적 토대를 재건하기 위해 아시아-태평양을 중심으로 세계전략을 전환했다. 아시아 회귀(pivot) 전략이 바로 그 결과였다. 세계전략 전환의 가장 중요한 목표는 강력한 도전자로 부상한 중국을 견제하고 우위를 유지하는 것이었다.

트럼프 1기 행정부, 특히 COVID-19 팬데믹을 경유하면서 미중갈등은 전면적인 강대국 경쟁으로 악화됐고, 동아시아의 지정학적 긴장도 심화됐다. 트럼프와 바이든 사이에 '중국 때리기' 경쟁이 벌어졌던 2020년 미국 대선을 거치면서 미국 조야에는 대 중국 강경정책에 대한 초당적 합의가 형성됐다. 바이든 행정부는 중국을 패권 도전국으로 규정하고 미중 전략경쟁을 공식화했으며, 트럼프의 대 중국 강경정책을 계승하겠다는 점을 분명히 했다. 중국도 2049년까지 미국을 추월하고 중국 특색 사회주의 강대국을 실현한다는 목표를 설정하고 미국의 공세에 강하게 맞섰다.

질서가 무너진 자리를 대신한 것은 전쟁과 폭력이었다. 미중대립을 축으로 진영구도가 형성되기 시작하면서 신냉전 담론이 급속히 확산됐다. 동아시아에서 미국과 중국이 제로섬 게임을 시작하면서 곳곳에서 억압됐던 갈등도 분출되기 시작했다. 러시아의 우크라이나 침공, 이스라엘-하마스 전쟁, 타이완 해협의 군사적 긴장 고조 속에서 유라시아 대륙 동과 서의 지정학적 단층선이 활성화됐다. 강대국들이 세계질서의 기존 규범과 질서를 무력화하고 국제질서의 불안정성과 불확실성이 커지면서 모든 국가들이 각자도생에 나설 수밖에 없게 됐다.

지정학적 위기에 더해 소위 인류세 시대에 새롭게 등장한 위험들, 즉 기후 위기, 생태 위기, 보건 위기, 에너지 위기 등이 결합된 '복합 위기'는 세계질서의 불확실성을 증폭시키고 있다. 신흥안보 이슈에 대응하기 위해서는 국가들 간의 협력이 필수적이지만 이를 추동할 수 있는 규범과 제도, 리더십은 더 이상 존재하지 않는다. 협력의 필요성은 커지고 있으나 협력의 가능성은 희박해진 시대, 함께 해결해야 할 과제는 많으나 대안은 모색하기 어려운 시대가 도래한 것이다.

(2) 미국의 쇠퇴와 자유주의 질서의 위기

트럼프가 처음 등장했을 때 종종 블롭(the Blob)으로 멸칭되곤 하는 미국 외교의 주류 엘리트들, 자유 국제주의자들은 그를 미국의 전통을 훼손하는 이단, 교정돼야 할 비정상으로 치부했다. 오바마 대통령은 트럼프의 취임을 나치의 등장에 비유했고, 나이(J. Nye)는 중국의 부상보다 트럼프의 등장이 미국과 자유주의적 국제질서에 더 큰 위협이라고 비판했다. 그러나 2024년 대선과 트럼프의 재등장에서 알 수 있듯 트럼프 현상은 자유주의 질서 위기의 원인이 아니라 결과였다. 오히려 트럼프는 미중갈등을 강대국 간 전략경쟁으로 전환시킴으로써 역사의 흐름을 가속, 혹은 선취했다. 트럼프의 일방주의가 세계질서의 기존 규범과 규칙, 인프라를 뒤흔든 것은 사실이지만, 그 배경에는 세계질서의 힘의 분포 변화로 인한 구조적 변동이 놓여 있다.

다수의 국제정치학자들이 세계질서의 변화를 추동하는 가장 중요한 요인으로 힘의 분포의 변화를 지목해 왔다. 국제정치의 역사 또한 중대한 역사적 전환점마다 힘의 이동으로 인해 세계질서의 근본적 재편이 나타났음을 보여준다. 30년 전쟁에서 네덜란드의 승리는 베스트팔렌 체제 하의 현대 국제체계 형성으로, 나폴레옹 전쟁에서 영국의 승리는 '유럽 협조'로 불린 비엔

나체제 하의 5대 강국 세력균형으로 이어졌다. 두 번의 세계대전에서 승리한 미국은 얄타체제 하에서 국제정치의 탈식민화와 민주화(국제연합 건설과 다자주의 확대)를 주도했다.

가장 최근 나타난 중대한 힘의 이동은 소련의 붕괴와 단극체계 형성이다. 후쿠야마(F. Fukuyama)는 이를 '역사의 종언'이라 칭하며 미국식 제도와 이념의 승리를 자축했고, 부시(G. W. Bush) 대통령은 미국이 주도해 나갈 '신세계질서'의 도래를 선언했다. 그러나 역사의 귀환과 신세계질서의 종언에는 그리 오랜 시간이 필요하지 않았다. 냉전기의 민족 발전주의를 대체한 신자유주의적 세계화는 발전과 번영의 약속을 실현하지 못했고, 오히려 신흥시장에서 금융위기가 반복됐다. 미국 주도 신자유주의 정책 패키지를 지칭하는 워싱턴 컨센서스(Washington Consensus) 대신 워싱턴 컨텐셔스(Washington Contentious)가 필요하다는 비판과 냉소도 확산됐다. 단극의 최정점에서 발생한 9·11 테러는 제국 미국에 대한 불만을 드러내는 동시에 그 몰락을 예고하는 전조였다. 2007-08년 미국발 글로벌 금융위기, 미국 주도 국제정치경제 질서에서 벗어나려는 중국의 도전은 다시 세계질서의 중대한 변화가 도래했음을 명확히 드러냈다. 최근 국내외에서 제국의 흥망성쇠와 관련된 담론이 다시 주목받는 것은 결코 우연이 아니다.

물론 '쇠퇴론'의 계보가 보여주듯 미국의 쇠퇴에 관한 논의가 새로운 것은 아니다. 1950년대의 소위 '스푸트니크 충격', 1960년대 베트남 전쟁을 둘러싼 분열, 1970년대의 경제적 쇠퇴, 1980년대 일본의 도전, 2000년대 이후 중국의 도전 등이 시대별로 등장했던 미국 쇠퇴 담론이었다. 그러나 미국의 쇠퇴를 둘러싼 최근의 논의는 두 가지 점에서 과거의 논의와 구별된다. 첫째, 미국의 능력의 한계가 명확히 드러나면서 미국 주도 질서의 실질적인 위기를 수반하고 있다. 둘째, 중국은 일본, 유럽 등 과거의 도전자들과 달리 미국에 군사·안보적으로 의존적이지 않고, 독자적인 영향권을 구축하려는 시도를 강하게 전개하고 있다. 결국 미국의 능력과 의지에 상당 부분 의존하고 있었던 자유주의적 국제질서의 위기가 가시화되고 있는 것이다.

논란의 여지는 있지만, 대체로 자유주의적 국제질서는 자유, 민주주의, 인권 같은 보편적 가치, 그리고 국제제도와 다자주의를 중시하는 것으로 평가된다. 그러나 미국의 자국 중심주의 강화, 미중 전략경쟁 속에서 자유주의 질서는 훼손됐고, 러시아의 우크라이나 침공 이후에는 그 위기가 기정사실화됐다. 미국 내에서도 자유주의 질서의 확장을 주장하는 논의는 물론, 그 회복력을 옹호하는 논의가 점차 수세적으로 변화했다. 트럼프의 재등장은 이런 추세를 다시 한 번 확인하는 계기였고, 자유주의 질서를 지켜낼 수 있는 미국의 대내외적 역량과 의지에 대한 회의는 더욱 증폭됐다.

(3) 세계질서의 진로

미국의 쇠퇴와 자유주의 질서의 위기라는 진단은 패권과 세계질서의 안정성에 관한 패권안정론(hegemonic stability theory)의 주장을 연상시킨다. 패권안정론에 따르면 강력한 패권국의 존재는 세계질서의 안정을 위한 필수조건이다. 미국의 쇠퇴는 세계질서 불안정의 원인이고, 반대로 세계질서의 안정적 유지를 위해서는 미국의 우위가 회복돼야 한다. 미국은 다른 강대국들과는 달리 규칙과 제도에 기반해서 국제질서를 운영해 왔다는 자유 국제주의자들의 주장이 이를 뒷받침했다.

그러나 지극히 미국 중심적인 이런 주장은 미국 패권의 역사에 부합하지 않는다. 미국 패권이 규칙을 준수하고 제도를 존중하는 입헌주의적 속성만을 가졌다고 보기는 어렵다. 오히려 주목해야 할 것은 자국의 이익에 부합하는 방향으로 세계질서를 변화시키거나, 자국의 이익에 반하는 변화를 거부할 수 있는 미국의 능력과 의도, 그리고 미국과 주요국들의 전략적 상호작용이다.

미국의 쇠퇴와 자유주의 질서의 위기로 특징지어지는 현 시기에도 미국의 이런 구조적 능력이 향후 질서를 전망하기 위한 핵심 변수다. 국제정치학에서 흔히 제시되는 답은 '투키디데스 함정'과 '킨들버거 함정'이다. 전자는 도전국 중국의 성장으로 인해 미중 패권전쟁이 필연적이라고 주장한다. 그러나 중국의 국력이 단기간 내에 미국과 전면전을 감수할 만큼 성장했거나, 중국이 이를 승산 있는 싸움이라 판단한다고 보기 어렵다. 후자는 전간기의 역사적 교훈을 근거로 리더십 부재와 국제 공공재 공급 실패가 대전쟁으로 이어질 수 있음을 경고한다. 그러나 현재 상황은 전간기에 대한 킨들버거의 진단과 같지 않다. 미국의 세계질서 관리의 능력이 부족하다거나, 도전국 중국의 의지가 부족한 상황이라고 단정하기는 어렵다.

무엇보다 두 입장 모두 결정론적 관점에서 도전국 중국의 능력과 의도를 세계질서 불안정의 원인으로 설정한다는 점에서 문제가 있다. 최근 도전국인 중국이 자신의 쇠퇴를 우려해 더욱 공격적으로 나올 것이라고 경고하는 역전된 투키디데스 함정의 논리가 제시된 바 있는데, 이 또한 미국을 중립적이고 현상유지적인 행위자로 설정하는 동일한 편향을 노정하고 있다. 단순화의 위험을 무릅쓰고 미국의 현상타파 능력과 의지, 미국과 주요국의 전략적 상호작용을 중심으로 세계질서 변화의 몇 가지 시나리오를 도출해 볼 수 있다.

첫째, 상대적 쇠퇴에 직면한 패권국 미국의 현상타파 전략으로 인해 세계질서의 불안정성이 심화되거나, 미국의 이익 추구 비용이 다른 국가들에게 전가되는 패권불안정(hegemonic instability) 상황이다. 패권국 미국은 국제질서의 불안정을 담보로 자신의 이익을 추구할 가능성이 있는 존재이며, 국력의 쇠퇴에도 불구하고 여전히 세계질서를 변형할 수 있는 구조적 능력을 가지고 있다. 미국의 현상타파 능력과 의지를 고려했을 때 이런 시나리오의 현실화 가능성은 결코 작지 않다. 트럼프의 재등장이 이를 보여준다.

둘째, 미국의 현상타파 전략이 성공하지 못하고, 중국이 강하게 맞선다면, G2가 역전된 G-minus-2 상황이 도래할 수도 있다. 패권불안정이 미국이 이니셔티브를 쥐고 있는 상황이라면, G-minus-2 시나리오에서는 중국의 현상타파 역량 또한 중요한 변수다. 양국의 직접적인 충돌 속에서 국제질서의 갈등과 불안정성이 증폭되는 이런 상황은 투키디데스 함정과 유사해 보이지만, 투키디데스 함정의 결정론과 달리 G-minus-2 시나리오에서는 미국과 중국의 구체적인 대립과 갈등 양상이 중요하다.

셋째, 국제질서의 안정성을 보장할 수 있는 힘과 리더십을 갖춘 국가가 부재한 G-zero의 상황이다. 국제적 궐위를 지칭하는 이러한 상황은 킨들버거 함정과 유사하다. 그러나 킨들버거 함정이 국제 공공재 공급의 문제를 중심으로 패권국의 능력 부재, 도전국의 의지 부재를 강조한다면 G-zero의 상황은 미국과 중국 모두 능력과 의지를 결여한 채 각자의 전략을 모색하고 있는 상황을 의미한다. G-zero와 패권 불안정 사이의 중요한 차이가 패권국의 능력인데, 트럼프의 일방주의에 대한 동맹국들의 불만이 커질 경우 G-zero 시나리오가 현실화될 가능성이 있다.

물론 미국 주도 하에 자유주의 질서가 회복되거나, 중국 중심의 세계질서가 도래할 가능성도 완전히 부정할 수는 없다. 그러나 미중 양국의 능력과 전략적 의도를 고려했을 때 그 가능성은 크지 않다. 무엇이 됐건 중요한 것은 결정론의 위험을 피하는 것이다. 이를 위해서는 미국과 중국의 상대적 국력이나 양국의 대전략 같은 구조적 추세에 대한 분석에 더해 행위자 수준에서 미중 전략경쟁의 구체적 양상, 미중 양국과 주요국 사이의 전략적 상호작용을 분석할 필요가 있다. 세계질서의 변화 속에서 한국의 미래를 전망하기 위해서도 미중 전략경쟁, 그리고 거기에 얽혀 있는 국가들 간의 복잡한 상호작용에 대한 분석은 필수적이다.

2. 미중 전략경쟁과 한국 외교·안보의 도전

(1) 미중 전략경쟁의 기원과 전개

2007-08년 글로벌 금융위기 이후 미국은 아시아 회귀 정책을 내세우며 대외전략을 대대적으로 수정, 동아시아 지역에 모든 역량을 집중했다. 무너진 미국 경제의 토대를 재건하고, 중장기적으로 미국의 우위를 유지하기 위해서는 동아시아 국가들, 특히 중국과의 관계 재설정이 결정적이라는 판단 때문이었다. 중국도 미국 주도 국제정치경제 질서에 순응하는 성장 전략이 한계에 직면했다는 판단 하에 중국제조 2025, 일대일로 전략 등을 통해 정치경제적 독립성을 강화하고 독자적 세력권을 구축하는 방향으로 노선을 전환했다. 미중갈등이 전면화되기 시작한 것이다.

아시아 회귀 정책의 핵심은 중국과의 관계를 재설정하는 작업이었고, 이런 기조는 트럼프와 바이든으로 그대로 계승됐다. 트럼프 대통령은 특유의 일방주의 기조 하에서 중국에 대한 공세를 더 강화했다. '힘을 통한 평화'라는 슬로건에서 알 수 있듯, 군사전략에서는 타이완 해협과 남중국해 등 민감한 사안에 있어 중국을 직접적으로 비판했고, 필요에 따라 군사적 압력도 가했다. 또 중국의 일대일로 전략에 대응하기 위해 태평양 사령부를 인도-태평양 사령부로 재편했고, 첨단무기와 장비를 증강했다. 대외경제전략에서도 중국에 대한 직접적 압박과 제재를 더 강화했다. 이는 결국 미국과 중국이 보복조치를 주고 받는 초유의 무역전쟁으로 귀결됐다.

트럼프 행정부 출범 이후 미중갈등이 악화되면서 소위 '키신저 질서' 하 미중관계의 근본 전제가 변화하기 시작했다. 오바마 행정부의 아시아 회귀 전략은 미국 주도 자유주의적 국제질서의 복원력에 대한 신뢰에 기반했으며, 중국과의 공존 가능성을 전제로 한 전략이었다. 그러나 트럼프 시대를 경유하면서 미중관계가 제로섬 관계로 전환되기 시작했다. 2019년 발표된 보고서 <인도-태평양 전략>에서 중국은 미국에 도전하는 현상타파 세력으로 규정됐다. 또 2020년 발표된 보고서 <중국에 대한 전략적 접근>에서는 미국 주도 자유주의 질서를 위협하는 독재국가로 규정됐다. 두 보고서의 공통된 결론은 체제, 가치, 경제, 안보 등 전 영역에서 미국에 도전하고 있는 중국을 강력히 응징할 필요가 있다는 것이었다.

미국의 압박이 강화될수록 중국도 강하게 맞섰고, 긴장은 고조됐다. 중국은 소위 '핵심이익'에 대해서 비타협적 태도를 유지하면서 부국강병 정책을 강화했다. 2035년까지 군 현대화를 완수해 강군몽을 실현하겠다는 계획을 제시했다. 또 시장, 기술, 투자에서의 독립성을 강화하고, 해외 군사기지 네트워크를 구축하는 등 독자적인 세력권을 구축하려는 시도도 지속했다.

2020년 대선에서 승리한 바이든 대통령은 취임 직후부터 중국에 대해서 강경한 태도를 유지했다. 바이든 행정부는 트럼프 행정부의 대 중국 경제제재 조치들을 계승했고, 군사전략에서도 중국을 겨냥해 인도-태평양 지역의 전력을 대폭 증강했다. 국가전략 최상위 문서 <국가안보전략> 보고서는 중국을 국제질서를 재편하려는 의도와 능력을 지닌 유일한 경쟁자라고 규정했다. 또한 향후 10년 간의 미중 전략경쟁이 미국과 세계의 미래에서 결정적인 변곡점이 될 것으로 전망했다.

트럼프와 달리 바이든은 동맹과 다자주의를 중시하는 듯했지만, 이것이 미중관계의 개선을 의미하지는 않았다. 오히려 인권과 민주주의 같은 가치로 반중동맹을 정당화하면서 미중갈등은 진영 간 갈등의 양상으로 확대됐다. 이는 대 중국 견제가 미국뿐만 아니라 동맹국들의 공동 과업이 됐음을 의미했다. 미국은 중국을 배제한 공급망 재편, 미국의 첨단 산업 경쟁력 강화를 위한 동맹국들의 협력과 기여를 노골적으로 요구했다. 아프간 철군 이후 인도-태평양 지역에서 미군 병력과 장비를 증강하겠다는 구체적 계획이 수립됐고, 통합억제(integrated deterrence) 개념 하에 동맹국들의 군사력까지 미국 주도로 통합적으로 운용하겠다는 계획도 제시됐다.

트럼프 2기 행정부는 최근 발표한 <잠정 국방전략 지침> 보고서에서 중국 견제를 최우선 목표로 설정하는 동시에, 인도-태평양 지역의 동맹국들과 부담을 분담하는 것 또한 최우선 과제로 설정했다. 무임승차 동맹, 비협조적 동맹은 최대한 압박하겠다는 것이다. 중국 또한 브릭스(BRICS), 상하이협력기구(SCO), 이란, 북한 등과 반미연대 강화를 꾀하고 있다. 진영구도 강화를 우려하면서 현 국면이 신냉전으로 악화되고 있다는 진단이 확산되는 것도 바로 이 때문이다. 이런 갈등 양상의 배경에는 미중 전략 경쟁의 특이성 있다.

(2) 미중 상호의존과 전략경쟁의 특이성

미중 전략경쟁은 양국의 긴밀한 상호의존성으로부터 배태됐다는 점에서 통상적인 강대국 경쟁과 달랐다. 극단적인 이데올로기 대립에 뿌리를 둔 냉전 구조에서 진영 간 상호작용은 극히 제한적이었지만, 미중갈등은 20여 년 이상 누적된 상호작용에 기반을 두고 있었다. 중국은 2001년 세계무역기구(WTO) 가입을 계기로 미국 주도 국제정치경제 질서에 완전히 통합됐다. 세계화가 확대되는 과정에서 미국과 중국, 그리고 인접국들까지 복잡한 상호의존적 관계 속에서 결합됐다. 중국은 대미 수출, 해외투자 유입을 통해 달러 자산을 축적하고, 고도성장을 지속하려 했다. 미국은 중국이 미국 주도 세계화를 지탱하는 하위 파트너가 되는 동시에, 개방과 성장을 통해 체제 이행에 성공할 것이라고 기대했다. '차이메리카(Chimerica)'라는 개념이 양국의 상호의존적 공생을 상징했다.

그러나 이런 계산이 오판이었음이 드러나는 데는 그렇게 오랜 시간이 필요하지 않았다. 상호의존성의 편익은 감소하고 비용이 증가하면서 균열이 발생하기 시작했다. 중국은 미국에 대한 구조적 종속에서 벗어나 독자적인 발전 경로를 모색하기 시작했고, 미국은 중국의 질적 도약을 억제하는 동시에, 중국의 대체자를 물색하기 시작했다. 이런 점에서 2007-08 글로벌 금융위기 이후의 미중 전략경쟁은 무역, 기술, 투자로 긴밀하게 결합된 미중 상호의존성의 조정, 나아가 국제정치경제 질서의 중장기적 재편을 둘러싼 갈등으로 봐야 한다.

금융위기 직후 오바마 행정부는 부당하게 국제정치경제 질서의 규칙을 위반해 온 중국을 비판하면서 환율 조작, 불법 보조금, 지적재산권 침해 등의 문제를 지적했다. 트럼프 행정부는 여기에서 한 걸음 더 나아가 중국에 유리한 방식으로 설계된 제도와 규칙 자체가 다시 쓰여야 함을 강조했다. 이런 기조 속에서 트럼프는 첨단 기술과 산업의 수출 및 수입 통제, 투자 제한 조치를 통해 글로벌 공급망에서 중국을 배제하려는 시도를 본격화했다. 오바마 행정부의 정책이 미중 상호의존성을 조정하려는 시도였다면, 트럼프 이후 미국의 전략은 상호의존성의 분리와 단절, 소위 탈동조화(decoupling)로 나아가고 있는 것으로 보인다.

바이든 행정부 또한 취임 직후부터 공급망 재편을 강조했다. 핵심은 첨단 기술·산업에서 중국에 대한 의존도를 낮추고 자체 생산 역량을 강화하는 것, 그리고 필요에 따라 동맹국의 역량을 적극적으로 활용하는 것이었다. 이에 따라 반도체, 통신장비 등의 핵심 산업에서 막대한 재정을 동원한 산업정책이 입안됐다. 첨단 산업 활성화를 위한 이런 지원 정책에는 국립고등연구기획국(DARPA), 국립과학재단(NSF) 등의 국가기관이 긴밀히 결합됐다.

중국도 미국의 이런 요구에 순응하지 않았고, 미국에 대한 구조적 종속에서 벗어나 자율성과 독자성을 강화하기 위한 전략을 추진했다. 기술 자립·자강, 과교흥국(科教興國)의 기조 하에 독자적인 첨단 기술 생태계 구축에 막대한 자금이 투입됐다. 또 미국에 집중됐던 해외투자 다원화, 성장 동력을 내수로 이동시키려는 쌍순환 전략을 통해 발전전략의 근본적 전환을 모색했다. 특히 일대일로는 국내 연구·개발과 첨단 인프라 건설 산업을 해외로 확대해 국내순환과 국제순환을 연결하는 핵심 고리였다. 디지털 위안화를 통해 한계에 직면한 위안화 국제화 동력을 회복하고, 미국 중심의 국제 통화·금융 질서에서 이탈하려는 시도도 중요한 의미를 가졌다.

이처럼 미중 전략경쟁은 강대국 간의 경쟁이라는 단순한 논리로 파악될 수 없는 복잡한 성격을 띠고 있다. 미국과 중국 뿐만 아니라 다른 주요국가들 또한 양국의 상호의존적 관계 속에 맞물려 있다는 점은 문제를 더 복잡하게 만드는 요인이다. 미중갈등이 냉전보다 훨씬 더 위험할 수 있는 이유다. 물론 이런 복잡한 관계 속에는 갈등을 악화시키고 분리를 촉진하는 힘과 순치시키고 협력을 유지시키는 힘이 동시에 작용한다. 그러나 글로벌 공급망 재편을 둘러싸고 진영 구도가 강화되고 갈등이 고조되면서 후자의 힘이 강화되고 있는 것은 분명해 보인다.

주목해야 할 지점은 미중 탈동조화 속에서 상호의존의 네트워크를 장악하고 상대방을 압박하는 상호의존의 무기화가 나타나고 있다는 점이다. 이는 미중 양국과 긴밀하게 얽혀 있는 국가들에게는 중대한 도전일 수밖에 없다. 특히 동맹 네트워크를 활용해 진영을 결집하고, 비용을 전가하려는 미국의 시도는 동맹의 부담을 가중시키고 세계질서의 불안정을 증폭시킬 수 있는 요인이다. 한국도 예외일 수 없다.

(3) 한국 외교·안보의 위기와 기회

미중 전략경쟁 격화는 한국 외교·안보의 중대한 위기이자 도전이다. 미국은 한국 국가안보의 근간이 되는 핵심 동맹국이며, 외교, 국방, 경제 등 전 영역에서 매우 밀접한 관계를 맺고 있다. 중국은 한국의 안보에 매우 큰 영향을 미치는 인접 강대국이며, 경제적 측면에서는 미국 이상의 중요성을 갖는 핵심 교역국이다. 미국과 중국은 한반도 평화 확립에서 가장 중요한 쟁점인 북한 문제에 있어서도 가장 중요한 당사국이다. 미중갈등 격화로 인한 세계질서의 불안정성 증대나 양자택일 압력 강화가 한국의 안보와 번영에 대한 중대한 도전일 수밖에 없는 이유다.

한국에 특히 중요한 문제는 미국 편승의 비용과 위험이 급격히 증가하고 있다는 점이다. 미중 전략경쟁이 격화되면서 미국은 동맹 네트워크를 적극 활용하려 했다. 미국 단독으로 중국을 압도하고 세계질서를 재편할 능력이 부족한 상황에서 동맹국을 활용하는 전략이 더 효과적이라는 판단이 작용했다. 흥미로운 것은 미국이 동맹이나 다자제도 그 자체를 옹호하기보다는 사안별로 다층적인 제도적 틀을 구성하고 활용하고 있다는 점이다. 동맹에 대한 트럼프식 공격, 그리고 미국 편의에 따라 동맹을 선별하고 활용하려는 이런 구상의 결합은 한미동맹의 비용-편익 구조를 근본적으로 변화시킬 수 있는 요인이다.

흔히 안미경중(安美經中)으로 지칭되는 전략적 모호성의 공간은 점점 더 협소해지고 있다. 미중갈등이 격화될수록 안보와 경제, 미국과 중국을 분리해서 사고할 수 없는 안미경미(安美經美), 안중

경중(安中經中)의 상황에 직면하고 있으며, 북한 문제나 동북아의 지역안보까지 고려한다면 미중 사이의 배타적 선택은 사실상 불가능하다. 두 강대국의 갈등을 최대한 순치시키고, 외교 공간을 확보해 신냉전적 진영구도를 거부할 수 있는 외교적 유연성과 실용성을 모색해야 하는 이유다.

물론 한국이 구조적 차원에서 미중관계의 속성 자체를 바꿀 수 있는 역량을 가지고 있는 것은 아니다. 그러나 이를 이유로 한국 외교·안보 전략에 대한 논의를 대외환경 분석으로 대체하거나, 대외적 제약에 대한 한국의 대응이 갖는 함의를 과소평가해서는 안 된다. 국력의 신장을 바탕으로 외교 역량을 지속적으로 확대해 왔고, 지역적·세계적 차원에서 주요 행위자로 성장해 왔기 때문이다. 한국 외교를 강대국에 대한 반응적 차원의 변수가 아니라 능동적 변수로 고려하고, 강대국에 포위돼 있다는 포박의식이나 약소국 콤플렉스에서 벗어나 위기를 기회로 삼을 수 있는 창발적인 대안을 고민할 필요가 있다.

가장 중요한 것은 미국과 중국 가운데 일방과의 관계에 본질적 가치를 부여하거나, 일방만을 선택하는 상수가 되기보다는 유연한 변수로 자리매김해 전략적 가치를 높일 수 있어야 한다는 점이다. 이를 위해서는 우선 강대국 경쟁의 시대, 지정학적 혼란의 시대에 자조를 도모할 수 있는 자주국방 능력을 확보해야 한다. 또 반도체 등 첨단 산업에서의 기술력을 유지해 외교 레버리지로 적극 활용할 필요가 있다. 이를 바탕으로 남북관계와 한반도 평화, 미중 사이에 끼인 국가들과의 선제적 협력 등 한국이 주도권을 확보할 수 있는 이슈를 발굴, 선점해야 한다.

무엇보다 계엄과 탄핵이라는 국내 정치위기를 극복하고 민주주의를 회복한 '빛의 혁명'의 자산을 바탕으로 한국 외교의 자율적 공간을 한반도를 넘어 확장시키고, 유라시아와 태평양, 글로벌사우스로 외교 지평을 확대하기 위한 노력이 필요하다.

3. 복합위기, 복합도전, 그리고 한국의 대응: 평화·공영·포용의 '큰 외교'

(1) '큰 외교'의 필요성

국제정치적 관점에서 현 시대는 불확실성, 비예측성, 불안정성, 각자도생으로 특징지어진다. 복합위기가 야기하는 복합적 도전 속에서 우리의 삶을 규정해왔던 기존 국제질서의 틀과 동력은 힘을 잃어가고 있다. 또 이런 시대적 특징은 현재와 미래에 대한 우리의 혼란과 불안의 시선을 여실히 드러내고 있다. 실제로 많은 이들은 우리가 발 딛고 서있는 오늘의 현실보다 더욱 고단하고 험난한 내일을 상정하고 있는 것 같다. 따라서 전망 가능한 가까운 미래의 시기는 낙관보다 비관이 지배하는 시대라 할 수 있다. 흥미로운 점은 국제사회의 다수 행위자들이 비관에 압도돼 좌절하고 있지만은 않다는 것이다. 오히려 부정적 외부 환경 속에서도 자신의 생존과 발전의 길을 더욱 적극적으로 모색하고 있다. 즉, 우리는 '능동적 비관'의 시대를 살고 있다. 덧붙여, 대다수 국가들은 현재의 가변적·유동적 국제관계 하에서 기회주의적으로 국익을 추구하고 있다. 다만, 그들은 위선과 기회주의를 노골적으로 구현하기보다 국제사회의 공감을 구하는 명분을 강조함으로써 자신의 행보를 정당화하고 있다. 이런 점에서 현 시기를 '명분 있는 기회주의'의 시대로 규정할 수 있다.

그렇다면 이 같은 시기에 새 정부는 어떤 문제의식을 토대로 외교정책을 입안하고 구현해야 할 것인가?

첫째, 한국 외교는 패러다임 전환에 대한 시대적 요구에 적극적으로 부응해야 한다. 오랜 약소국 콤플렉스와 외교적 소극성·경직성에서 탈피해 놀랍게 신장된 국력과 위상에 기초한 자신감을 발현할 필요가 있다. 이를 위해 구조와 행위자 측면의 변화를 고려한 적극적·능동적 국제정치관을 재정립해야 한다.

둘째, 한국 외교가 지향해야 할 방향을 제대로 설정하는 것이 중요하다. 유동적인 국제관계 속에서 한국 외교는 협력하고 싶고, 협력하면 이익을 얻을 수 있는 매력 국가이자 누구와도 포지티브섬 게임을 만들어갈 수 있는 국가라는 이미지를 구축하는 데 주력해야 한다. 이를 바탕으로 주변국들과 돈독한, 최소한 껄끄럽지 않은 두루 원만한 관계를 구축할 필요가 있다. 또한, 가변적 국제관계 속에서 변화하는 이해관계와 진화하는 위협에 기민하고 능동적으로 대응할 수 있는 임기응변 능력을 구비하는 데 역량을 집중해야 한다.

셋째, 여러 제약과 한계를 고려한 현실적·실용적 외교정책 입안이 절실하다. 주지하듯, 새 정부는 탄핵으로 인한 조기 대선과 인수위 부재, 5년 단임의 제한된 임기, 유동적·가변적 국제관계 현실 등의 제약과 한계에 직면해 있다. 따라서 새 정부는 외교정책의 내적 논리에서 과도한 완결성 추구를 지양하고, 정책의 명명과 발신 과정에서 불필요한 오해와 반발을 최소화할 필요가 있다. 즉, 거시적 관점에서는 한국외교의 나아갈 방향을 명확히 하고, 미시적 관점에서는 현실적·실용적 정책을 입안하며, 이 같은 지향과 내용을 이해하기 쉬우면서도 포괄적으로 표현하는 정책 명명을 지향해야 할 것이다.

이에 새 정부의 외교정책 개념으로 '큰 외교'(Greater Diplomacy)를 제안한다. 큰 외교는 한국이 놀라보게 신장된 국력과 국격을 바탕으로 오늘의 과도기적 국제질서를 위기이자 기회로 인식하고 더욱 적극적으로 대응하겠다는 의지를 대변한다. 또한, 큰 외교는 그동안 한반도와 동북아에 머물렀던 외교적 시야를 글로벌 차원으로 확대하고, 유동적·가변적 국제관계 하에서 기민하고 유연한 외교 정책을 입안하고 구현해 나가야 할 사명을 표현한다. 마지막으로, 큰 외교는 한국의 외교적 자율성 강화에 대한 포괄적 지향을 드러내면서도, 외부로부터 불필요한 오해와 경계를 초래한 '균형외교', '가치외교' 등 기존 정책 명명의 반작용을 최소화하려는 개념으로 그 효용을 가진다.

(2) '큰 외교'의 목표와 비전: 평화·공영·포용

분단국가, 통상국가, 반도국가로서 한국의 국가정체성은 그 자체로 우리 외교가 추구해야할 목표와 비전을 규정하고 있다.

첫째, 큰 외교의 목표를 평화(Peace)로 설정하고, 평화선도국가 비전을 제시해야 한다. 주지하듯, 한국은 분단국가다. 우리는 1945년 이후 분단으로부터 비롯된 무거운 멍에를 짊어졌고, 이로 인해 치르지 않아도 될 막대한 유무형의 비용을 지불했다. 한국은 그동안 평화의 가치를 그 어느 국가보다 절실하게 체감해 왔고, 따라서 이를 핵심 외교정책 목표로 설정하는 것은 지극히 자연스러운 것이다. 우선, 새 정부는 한반도의 평화와 정치·군사적 안정을 도모하는 데 역량을 집중해야 할 것이다. 이를 위해서는 남북관계의 양가적 성격, 즉 국가 대 국가 관계의 성격과 통일 지향의 특수관계라는 민족 내부 관계의 성격을 조화롭게 고려해야 한다. 양자관계 재설정을 바탕으로 중단된 남북 간 교류·협력을 복원하고 이를 양적·질적으로 확대해야 한다. 나아가 한반도 비핵화·평화 프로세스를 재가동하고 구체적 성과를 도출하기 위해 노력해야 한다. 이와 함께, 한국은 한반도의 평화를 뛰어넘어 지역적·세계적 차원에서 평화와 공존을 추구해야 한다. 한반도 평화·공존 담론의 개발과 실천을 역내 차원으로 확대·발전시키고, 동북아 역내는 물론 국제적 차원의 평화·공존 질서를 모색하는 데 일조해야 할 것이다.

둘째, 공영(Co-prosperity)을 목표로 한 개방적 통상국가 비전이 제시돼야 한다. 한국은 전형적인 통상국가다. 한강의 기적으로 대변되는 한국의 경제성장은 개방적 통상질서 하에서 가능했고, 앞으로의 발전과 번영도 이런 환경 속에서 가능할 것이다. 그렇지만 현재 국제정치경제의 파편화 경향은 우리에게 심대한 도전으로 작용하고 있다. 이에 새 정부는 적극적인 통상외교를 통해 한반도, 동아시아, 세계적 차원에서 공영을 추구해야 한다. 보호주의와 자국중심주의의 확산을 경계하면서 개방적 통상질서를 옹호할 필요가 있다. 또한 글로벌 공급망 재편 등 대외 도전에 능동적으로 대응하면서도 개방적 통상질서 유지에 동의하는 국가들과 협력을 강화함으로써 전 지구적 번영을 도모해야 한다. 경제협력 대상 국가의 확대를 통해 새로운 성장 동력과 신시장 확보에 주력해야 한다. 이를 위해 약탈적 행위자가 아닌 상호이익과 공동번영을 위한 동반자 이미지를 구축하는 데 역량을 집중해야 한다. 또 배타적 국가이익 추구가 아닌 상생형 경제협력·경제통합 모델을 제시하는 데에도 관심을 기울여야 할 것이다.

셋째, 새 정부 외교의 핵심 목표로 포용(Inclusion), 그리고 그 달성을 위해 공존의 포용국가 비전을 제안한다. 한국은 대륙과 해양이 만나는 지정학적 입지를 가진 반도국가다. 이 때문에 역사 속에서 해양세력과 대륙세력 충돌의 비극적 무대가 되어야만 했던 경험을 갖고 있다. 하지만 반도국가의 입지는 우리의 역량과 대응 방식에 따라 역으로 두 세력이 교류하고 협력하는 광장으로 기능할 수도 있다. 따라서 한국은 오늘의 유동적·가변적 국제관계 하에서 포용을 통해 외교적 기반과 자산을 확대해야 한다. 주변국과의 국익 조화를 바탕으로 외교적 고립을 지양하고 자율성을 강화할 필요가 있다. 덧붙여 중장기적 관점에서 지역 정체성과 지역공동체 형성을 추구해야 한다. 이를 위해 풍부한 상상력을 기반으로 평화롭고 협력적인 역내 질서 구축을 위한 담론을 개발·전파해야 할 것이다. 특히 공존의 포용국가 비전 달성을 위해 세계 각지의 재외동포 집단과 협력을 강화해야 한다. 이를 위해 한인 네트워크 확대를 통한 재외동포 공공외교를 강화하고, 차세대 재외동포 인재 육성 지원을 통해 모국과의 상생관계를 구축해야 한다. 또한 인구위기에 대한 개방적 대안으로서 해외 고급 인력 유입을 통해 이주민을 포용하고 사회적 다양성을 옹호하는 정책을 펼쳐가야 할 것이다.

(3) '큰 외교'의 수단: 조화·개방·창의

큰 외교의 달성을 위한 핵심적인 수단은 조화, 개방, 창의다.
첫째, 조화로운 외교를 강조하고자 한다. 윤석열 정부는 소위 '가치외교'를 표방했다. 그리고 이러한 과도한 가치 편중 외교는 커다란 부정적 유산을 남겼다. 실제로 모든 국가의 현실 속 대외정책은 가치와 이익 중 하나만을 취사선택한 결과물일 수 없다. 가치외교 또는 이익외교 담론의 순수한 형태는 그저 교과서에만 존재할 뿐이다. 특정 국가가 자국의 대외정책에서 가치와 이익 중 하나 또는 일부를 강조하는 경우에도 이것은 그것들의 적절한 조합에서 균형점을 조화롭게 설정하고 부분적으로 이동하겠다는 것을 의미한다. 특정 가치를 강조하는 경우에도 국익을 고려하고, 국익을 내세우는 경우에도 이를 뒷받침하는 명분과 가치를 경시해서는 안 된다. 이에 한국은 가치와 이익의 이분법에서 벗어나 보편적 가치와 실용적 국익을 조화롭게 추구해야 할 것이다. 이와 함께, 한국 외교는 보편과 특수, 연루와 소외·고립 사이의 긴장을 조화롭게 해소하기 위해 주의를 기울여야 한다. 남북·한일·한미관계 등에 내포된 보편과 특수 사이의 긴장을 조화롭게 조율하고, 미중 경쟁에의 직접 연루와 책임의 방기로 인한 소외 문제에 대해서도 조화로운 접근이 필요하다.

둘째, 개방적인 외교가 절실하다. 앞서 언급한 것처럼, 크게 신장된 한국의 국력과 가변적·유동적 국제관계를 고려할 때 이제 한국은 자신의 외교적 시야를 전지구적 범위로 적극 확장할 필요가 있다. 냉전 이후 한국 외교의 시야가 미국 등 특정 우방국과 한반도라는 지리적 범위에 국한됐다는 점을 부인하기 어렵다. 탈냉전기 여러 정부들이 이를 동아시아와 유라시아로 확대하려 했지만, 구체적 성과를 도출하는 데 한계를 드러냈다. 미중 경쟁의 심화 등 세계질서의 분절화 경향이 가시화되는 현 시점이 바로 양자택일의 논리에서 벗어나 전 세계적 범위로 외교의 지평을 확대하려는 노력이 절실한 시기다. 이를 위해 글로벌사우스 등 국제 회색지대로의 적극적 진출을 통해 미중 양자택일을 우회하려는 지혜를 발휘해야 할 것이다. 덧붙여, 지역·국제 차원의 통상·안보·통합 관련 (소)다자주의 제도에 더욱 능동적으로 참여하고 기여를 늘려갈 필요가 있다. 관련하여 주요 대륙별 다자제도에 옵서버 또는 파트너로 참여하는 방안도 고민해 볼 수 있다. 한발 더 나아가 믹타(MIKTA: 멕시코·인도네시아·한국·튀르키예·호주) 창립·운영 경험 등을 활용해 한국이 주도하는 독자적 대안

(소)다자주의 제도를 발의하고 현실화하려는 노력을 경주해야 한다.

셋째, 창의적인 외교를 실행해야 한다. 복합 위기와 도전의 시기에 한국이 국가적 생존, 발전, 번영을 달성하는 것은 결코 쉬운 과제가 아니다. 큰 외교의 핵심 목표인 평화·공영·포용의 목표를 성취하기 위해, 그리고 그 수단인 조화롭고 개방적인 외교를 구현하기 위해서는 무엇보다 창의성을 발현할 필요가 있다. 이에 새 정부는 특정국과의 친소 관계를 비롯해 기존 외교 틀 속의 이념, 가치, 관행에 대한 교조를 배척하고 창의적이고 순발력 있는 외교를 추구해야 한다. 이와 함께, 한국 외교는 끊임없이 창의적 대안을 고민하고 이를 지속적인 피드백을 통해 효과적으로 수정·보완하는 역량을 구비해야 할 것이다. 창의적인 의제 설정과 방향 전환을 통해 국제관계의 불확실성에 기민하게 대응하고 외교적 주도성을 강화해야 한다. 새 정부는 바람직한 국제질서와 지역질서의 상을 과감하게 제시하고 혁신을 선도하려는 노력을 게을리해서는 안 된다. 이를 위해 외교 전략가들과 관료 집단의 사고에서 경직성을 배제하고, 자유롭게 의견을 개진하고 열린 토론을 통해 의사를 결정하는 문화의 형성이 절실히 요구된다.

4. 더 큰 대한민국을 위한 외교안보 거버넌스, 어떻게 구성할 것인가?

(1) 과거로부터의 교훈과 대안 모색

기존의 국제 통상질서 해체, 여러 지역에서의 국가 간 분쟁, 남북관계 악화, 주변국과의 새로운 관계설정 필요성 등 도전적인 외교안보 환경이 도래함에 따라 이슈별 대응 전략이 백가쟁명을 이루고 있다. 여기에서 어떤 길을 선택할 것인지에 따라 당면한 문제를 다룰 관련 정부조직의 구성형태와 거버넌스는 달라져야 한다. 그러나 놀랍게도 외교안보 거버넌스 전반에 대한 평가와 재구성 논의는 관련 학계의 최근 성과에서도, 지난 20여 년 간 대선 후보자들이 제시했던 공약 중에서도 발견되지 않는다. 단순히 개별 현안에 대해 대증 처방으로 새로운 조직을 신설하거나 국지적인 해결방안을 언급하는 데 그쳤을 뿐이다. 정권이 출범한 이후에는 매번 관련 이슈가 발생할 때마다 관계부처에 새로운 전담 부서 또는 범부처 태스크포스를 설치하는 데 급급해 선제적인 처방이 이루어지지 못했다. 이와 같은 근시안적 접근은 거버넌스에 대한 평가와 반성을 유보한 채 경로의존적으로 기존의 관행만을 답습한 것은 아닌지 의심할 수밖에 없게 한다.

외교안보 거버넌스와 관련해서 선거철이면 상투적으로 언급되는 수사로는 "그동안 유명무실했던 국가안전보장회의의 재가동", "현안에 대한 자문기구나 위원회의 설치" 등을 들 수 있다. 여러 주체의 강력한 외침에도 불구하고 헌법 기구의 위상을 가진 국가안전보장회의는 그 실효성과 존재 의의를 여전히 입증하지 못하고 있다. 한편, 외교안보 현안의 복잡성과 복합성으로 인해 자문기구나 위원회의 중요성이 더 커지고 있지만, 이들 조직이 실질적으로 추진력을 갖기는 어렵다. 또 결과에 대한 정치적·정책적 책임성 소재를 희석시킬 수 있으며 자칫 시급한 의사결정을 지연시킬 수 있다는 문제도 있다.

하나의 외교안보 현안에는 여러 분야의 이슈가 혼재돼 각각을 분리하기 쉽지 않다. 특히, 관세와 안보를 연계시키려 하는 트럼프 대통령의 시도에서 드러나듯 외교안보 문제와 통상 이슈가 강력하게 결합돼 따로 떼어놓고 고민할 수 없는 상황에 이르렀다. 이와 같은 환경을 고려할 때, 새 정부의 외교안보 거버넌스는 다음과 같은 원칙 하에 해체와 재구성을 거칠 필요가 있다.

첫째, 신속하고 효율적인 의사결정과 정치적 책임성이 동시에 담보돼야 한다. 자문기구나 위원회 조직은 대통령의 신속하고 정확한 의사결정을 보좌할 수 있도록 정예화해야 한다. 또한 고착화 된 남북관계를 고려해 대북 관련 중앙행정기관의 규모는 유지하되, 안보적 위협의 사전 억제와 평화적 통일 전략 위주로 재편이 필요하다.

둘째, 복합적인 문제에 대한 대응능력이 필요하다. 대통령의 외교안보 보좌조직을 일원화하는 것은 효율적으로 보일 수도 있지만, 복합적인 문제에 대해 전문성을 발휘하기 힘들다는 문제가 있다. 그간 전문 외교관 또는 군 출신이 주로 국가안보실은 실장을 역임했다. 그러나 외교안보 이슈의 광범위성과 복잡성을 고려하면 지나치게 넓은 분야를 책임지게 된다. 윤석열 정부에서 상근직 외교안보특별보좌관이 신설되어 역할을 분담했다고 하더라도, 경제안보 및 일반 외교와 관련한 대통령의 의사결정 보좌까지 국가안보실이 맡는 것은 위험의 분산과 정책의 가외성 확보, 그리고 무엇보다도 전문적인 의사결정의 관점에서 최적의 구조라고 평가하기는 어렵다.

셋째, 국제사회에서 우리의 위상에 대한 명확한 인식과 역할 정의가 필요하다. 이른바 K-콘텐츠로 대표되는 대한민국 대중문화가 전세계에서 빠르게 확산되고 있으며, 이는 대한민국의 우호적인 이미지와 매력을 제고하는 핵심 요소다. 한국의 이런 소프트파워는 인구소멸 시대의 국가전략에 있어 중요한 함의를 갖는다. 재외동포와의 네트워크 강화, 이민자의 수용과 호혜로운 공존을 위한 효과적인 수단이 될 수 있기 때문이다. 이를 감안한 정책을 추진할 수 있는 거버넌스의 보강이 절실하다.

(2) '큰 외교'를 위한 새로운 거버넌스

이상의 문제의식 하에 대통령실, 중앙행정기관 및 관련 공공기관 등은 다음과 같이 외교안보 거버넌스를 재구축할 필요가 있다.

첫째, 대통령실에서 통상 관련 현안이 상대적으로 소외됐다는 점과 외교안보가 통상문제와 강력하게 결합돼 있다는 점을 고려하여 대통령의 외교안보 거버넌스를 재정비해야 한다. 트럼프가 재집권하고 국제통상질서의 재편을 요구하면서 통상의 중요성이 급부상했다. 그러나 현재의 대통령실은 이를 반영하지 못하고 있으며, 따라서 새로운 환경에 맞춘 조직 재구성이 필요하다. 현재의 정책실과 국가안보실이 가진 경제금융, 산업정책, 인구전략, 군사안보, 통일, 국방, 위기관리, 경제안보, 사이버안보, 민간 및 공공외교 등의 기능을 새로운 환경에 맞게 재조정한다면 대통령의 경제통상정책 및 외교안보 보좌기구로서의 제 역할을 할 수 있을 것으로 기대된다.

둘째, 안보 및 대북정책 관련 조직구조 재설정이 필요하다. 윤석열 정부의 통일부는 통일을 둘러싼 문제의 해결에 실질적으로 기여하지 못한 채 국민 간 이념 갈등을 조장하기만 했다. 윤석열 정부 출범 이후 통일부 내 남북교류와 관련한 하위기구가 대부분 폐지됐다. 또 문재인 정부의 정세분석국(1국 3과)을 정보분석국(1국 1협력관 5과 2팀)으로 대폭 확대·개편한 반면, 문재인 정부 시절 8개이던 소속기관은 4개로 축소했다. 전체적으로 본부의 인력을 감축하는 대신, 통일교육원을 증원하여 국민들에 대한 보수적 안보관 교육에 인적·물적 자원을 과도하게 투입했다. 통일부가 통일정책에 실질적으로 기여하고 책임성을 높일 수 있도록 정보분석 기능은 정보자원이 풍부한 정보기관에 맡기고 본연의 역할에 대한 고민이 필요하다. 또한 군 출신의 국방부장관이 주도한 12·3 계엄사태를 거울삼아 국방부의 문민화 방안과 역할을 재검토하고, 그 결과에 따라 국방부조직을 대폭 개선해야 한다.

셋째, 경제외교의 관점에서 통상기능의 재배치를 검토해야 한다. 현재 트럼프 행정부의 관세정책에 대한 대응에서 산업통상자원부의 역할이 두드러져 보이지 않으며, 체계적인 대응의 부재는 컨트롤 타워의 제도적 부재를 절감케 한다. 특히, 중소벤처기업부, 농림축산식품부, 식품의약품안전처 등도 통상에 있어서 중요 관련 중앙행정기관이라는 점, 저작권이나 특허와 같은 지적재산권이나 서비스도 국가 간 무역의 중요한 대상이라는 점, RE100, 탄소중립 등 새롭게 요구되는 국제 표준에 대한 대응능력이 과거보다 중요해졌다는 점, 무엇보다도 통상이 제도와 투자 등 단순 무역을 초월한 광범위한 국가 간 거래라는 점을 고려하면 통상 기능을 가진 별도의 중앙행정기관 설치를 포함한 거버넌스 전반에 대한 재검토가 필요하다. 특히, 미국 무역대표부의 위상과 기능을 분석해 효율적이고 효과적인 대응조직을 갖추는 것이 급선무다. 일각에서는 외교와 통상 기능을 결합한 외교통상부의 부활을 주장하고 있다. 그러나 외교와 통상의 기능적 이질성과 두 기관 간 인사관리 체계의 상이성을 고려하면 화학적 결합은 쉽지 않을 것으로 판단된다.

넷째, 국가의 이민정책을 총괄할 수 있는 중앙행정기관이 필요하다. 구체적인 방안으로 국가인구전략부 또는 국무총리실 소속 이민처의 신설이 검토되고 있다. 법무부 소속 이민청의 설치 논의가 윤석열 정부에서도 검토된 바 있으나, 인구전략 수단으로서의 이민정책이 국가의 존속을 위해 필요한 정책이자 여러

부에 관련되는 기능을 통합한다는 측면에서 법무부의 외청보다는 처 또는 부로의 신설이 바람직해 보인다.

다섯째, 국제사회에서 한국의 역할에 대한 기대가 증가함에 따라 관련 추진체계의 보강이 필요하다. 특히, 민간외교, 문화외교 및 공적개발원조를 통해 국제사회에서 대한민국의 이미지를 제고하고, 우호세력을 확보할 수 있다. 특히 기업과 비정부기구에 의한 외교활동을 지원하는 전담부서를 외교부 및 관계 부처에 설치함으로써 민간부문의 역할과 잠재력을 확대할 수 있을 것이다. 한편, 중국 및 러시아와의 정부 차원의 적극적 외교는 현 시점에서 쉽지 않다는 점을 고려하여, 민간교류나 지방자치단체 차원에서의 교류를 활성화하도록 관련 기관을 지원하는 것으로 정부 간 외교의 공백을 대체할 수 있다.

마지막으로 거버넌스가 작동하고 조직이 움직이게 하기 위해서는 좋은 인적 자원을 확보하는 것이 무엇보다도 중요하다. 지금까지 개방형 임용제도, 전문임기제, 민관 간 또는 공공부문 간 인사교류제도 등 관료제의 순혈주의와 폐쇄성을 극복하기 위한 다양한 인적자원 관리제도가 도입된 바 있다. 그러나 혁신에 소홀한 나머지 좋은 의도를 가진 제도들도 결과적으로는 관료집단의 이해에 따라 운영되는 결과를 수없이 목도해 왔다. 외교안보 거버넌스에서는 의사결정 특성상 전문성이 민주성을 압도한다. 좋은 인적자원을 확보하기 위한 제도를 끊임없이 혁신함으로써 고도의 전문성을 가진 인력을 외교안보의 최전선에 배치할 수 있다. 거버넌스는 궁극적으로 사람으로 완성된다.

2부

불확실성의 시대, 스스로 지켜나가는 더 큰 대한민국

1. 우리의 안보환경을 제대로 진단하고 있는가?

(1) 안보전략의 최우선순위: 강대국 갈등 회피

냉전 시기 미국의 주요 위협은 소련이었다. 이에 미국은 제2차 세계대전 종전 직후부터 한반도에 병력을 주둔시켜 소련을 견제했다. 미국은 일본을 소련의 아태 지역 팽창을 저지하는 지리적 방벽으로 간주하고 동맹을 맺었다. 미국은 일본 자위대에 대한 작전통제권을 요구했으나, 일본은 이를 수용할 경우 자국이 미국의 국익 추구에 연루될 수 있다는 우려로 거절했다. 이로 인해 현재까지도 미일은 병행적 지휘구조를 유지하고 있다. 일본이 미소 대결의 최전선이 되는 것을 회피한 반면, 한반도에서는 한미 연합지휘체계가 수립되었으며, 군사분계선을 사이에 두고 한국은 북한을, 미국은 소련을 견제하는 구조가 형성됐다. 즉, 한반도 분단은 남북 간 대치선이자 미소 간 완충지대라는 이중적 성격을 띠고 있었다.

일본은 이러한 한반도의 완충 역할에 무임승차하고, 냉전기 내내 직접적 군사 위협에 노출되지 않았다. 북한과 중국은 경제적·군사적으로 미약했고, 소련군의 주력은 유럽에 배치되어 있었다. 일본은 미국의 안보 공약 아래 경제적 호황을 누렸다. 이에 일본 국방비는 국내총생산(GDP)의 1% 이하로 유지됐다. 미국은 냉전 초기부터 한미일 3자 협력과 일본의 안보 기여 확대를 지속적으로 요구했으나, 일본은 이를 회피했다. 분쟁 연루 가능성 증대와 추가 부담을 떠안을 구조적 동기가 없었기 때문이다.

그러나 냉전 종식 이후 안보 환경은 구조적으로 변화했다. 중국의 부상과 함께 일본은 양안 위기, 센카쿠열도(댜오위다오) 갈등 등을 계기로 중국을 주요 위협으로 인식하기 시작했다. 소련과 달리 중국은 한반도를 경유하지 않고도 팽창해 나갈 수 있었다. 이에 따라 중국과 패권경쟁 중인 미국, 그리고 중국과 영토·해양 분쟁 중인 일본이 동중국해와 남중국해에서 중국과 직접 대치하는 구도가 만들어졌다. 이는 미일 양국이 중국의 잠재적 핵위협에 직접 노출될 수 있음을 의미했다. 이로 인해 1990년대 중후반부터 미국과 일본 내에서 한미일 3자 안보협력의 필요성을 강조하는 주장이 대거 생산됐다.

미국은 일본의 주도 아래 한국을 포함한 역내 동맹국을 결속해 중국을 견제하는 전략을 추진 중이다. 여기에는 유사시 역내 동맹국들이 재래식 전력을 중심으로 중국과의 잠재적 충돌에 대비하도록 하는 전략도 포함된다. 이 경우 핵전쟁으로 위기가 고조된다 해도, 엄밀하게는 미국과 중국의 직접 충돌이 아니므로 중국이 일차적으로 미국 본토가 아닌 역내 미국 동맹국을 표적으로 삼도록 하겠다는 발상이다.

억제력 강화와 역내 긴장 고조는 동전의 양면이다. 특히, 억제 실패 상황에서 한미일 3자 안보협력 체제는 한국을 강대국 갈등의 최전선에 노출시킬 위험이 크다. 미일 안보협력 체제 하에서는 중국과의 제한적 충돌 혹은 핵전쟁 시 일본이 초기 표적이 될 가능성이 크다. 반면, 한미일 안보협력이 제도화되면, 초기 표적이 일본에서 한국으로 전환될 위험이 있다. 즉, 한미일 안보협력체제는 한국을 미일과 중국 사이의 완충지대로 전환하는 위험을 초래할 수 있다.

미국은 3자 협력 강화를 명분으로 자국의 전략 자산을 한반도에 지속적으로 전개·배치하고 있으며, '한미일 통합구조'의 제도화를 적극적으로 추진하고 있다. 이는 미일과 중국 간 잠재적 충돌 가능성이 있는 지역에 한국군이 자동 개입하게 되는 구조가 형성되고 있음을 의미한다. 한미일 안보협력의 제도화는 곧 한국의 연루가 제도화된다는 것을 뜻하며, 향후 미중 또는 중일 갈등의 지리적 범위를 한반도로 확장시킬 위험성이 있다.

동맹은 공통 위협을 전제로 한다. 동맹의 이면에는 끊임없이 무임승차, 책임 전가, 연루, 방기 등의 긴장이 존재한다. 냉전기 한국과 미국의 주요 위협이 완전히 일치한 것은 아니었지만, 핵심 지정학적 이해관계를 공유했다. 그러나 현재 한미동맹에서는 주요 위협에 대한 인식에서 균열이 발생하고 있으며, 지정학적 고려에서도 괴리가 커지고 있다. 이러한 현실을 반영하는 합리적인 안보전략을 정립하고 추구해야 한다.

예컨대, 북한 문제를 이유로 미일과 통합해야 한다는 주장은 본말이 전도된 주장이다. 남북관계의 안정적 관리는 한국의 국력으로 충분히 감당할 수 있는 과업이다. 그러나 미중갈등의 최전방에 한국이 편입되는 구도는 감당하기 어려운 결과를 초래할 위험이 있다. 따라서 우리는 강대국 갈등의 최전방에 구조적으로 연루되는 상황을 최대한 회피하기 위해 노력을 기울여야 한다. 이를 위해 국가 생존과 국익 극대화를 안보전략의 최우선적 목표로 삼아야 한다. 나아가 미중 사이에서 최대한 신중한 정책을 펼쳐야 한다. 이를 통해 역내 안정을 도모하고, 전략적 행위자로서의 자율성과 위상을 강화해야 한다.

(2) 한미동맹과 주한미군의 현재적 의미

한미동맹은 양자간 군사동맹이지만 그 영향력은 양국에 국한되지 않는다. 한반도가 남북과 미중일러 4대 강대국이 교차하는 지정학적 요충지이기 때문이다. 미국이 역내에서 추구하는 안보구조의 목표는 잠재적 패권 경쟁국의 부상을 저지하는 것이다. 한미동맹과 주한미군은 미국이 추구하는 동아시아 안보구조와 강대국 국제정치의 주요 수단이다. 한미동맹은 그간 북한에 대한 공동의 억제 노력을 표방해 왔지만, 주한미군의 전략적 목적이 중국 견제로 변모하면서 한미 간 위협 인식에 괴리가 발생했다. 미국은 한미동맹과 주한미군을 점진적으로 대 중국용 수단으로 전환하려고 노력하고 있다.

한미동맹과 주한미군은 미국의 패권 유지 전략으로부터 지속적으로 직접적인 영향을 받아왔다. 예컨대, 베트남전쟁으로 상당한 국력을 소진한 미국은 1960년대 후반부터 소련 견제를 위해 중국과 관계 정상화를 추진했다. 그 결과, 미국은 소련이 독자적으로 남진할 가능성이 작다고 판단하고 1971년 미 7사단을 철수하고 2사단의 위치를 후방으로 조정했다. 1970년대 중후반 카터는 주한미군의 철수를 주장했는데, 이는 미소 데탕트에 따른 새로운 세계질서 구상의 일환이었다.

1980년대 미국은 자국 GDP의 약 70%에 육박한 일본을 견제하기 시작했다. 미국은 '동아시아전략구상의' 일환으로 아태 지역의 점진적인 군사력 철수 계획을 수립했다. 한국에서도 주한미군의 점진적 감축, 작전통제권 전환, 한국군의 역량 강화 등이 추진됐다. 그러나 1991년 소련이 붕괴하고 중국의 부상에 대비할 필요성이 제기되자, 미국은 주한미군을 포함한 역내 전력을 중국 견제용으로 재조정하기 시작했다. 이에 따라 1980년대 말 추진되던 작전통제권 전환도 1992년에 미국의 입장 선회로 제동이 걸렸다.

미국은 이후 약 10년간 주한미군 태세 조정 계획에 착수했다. 그 결과 한국 도처에 분산되어 있던 미군을 중국 견제에 적합한 평택 캠프 험프리스로 집결시켰다. 그 과정에서 주한미군, 주일미군, 7함대를 묶는 성격의 '동북아 사령부'를 비밀리에 추진했다. 이는 한미일 통합구조, '하나의 전구' 구상, 한미 간 전략적 유연성 문제 등의 원형이라고 할 수 있다. 미국은 중국 견제를 위한 역량 집중을 목표로 하는 반면, 한국은 대북 억제력 약화와 미중갈등 연루에 대한 근본적 우려를 갖고 있어 해당 사안들은 여전히 한미 간 합의에 이르지 못하고 있다.

이러한 상황에서 한국은 미국의 전략적 목적에 따라 수단화되는 구조에서 벗어나, 자국의 생존을 위한 세 가지 원칙, 즉 강대국 갈등 연루 방지, 대북 관계 안정적 관리, 원만한 주변국 관계 형성의 원칙을 정립하고 견지할 필요가 있다. 특히 미국이 역내 진영화를 강화하고, 한미동맹을 대 중국 견제 수단으로 활용할 수 있으므로, 이에 대해서는 각별히 주의해야 한다.

또한, 한미동맹은 비대칭동맹으로서 전형적인 안보-자율성 교환 딜레마를 내포한다. 이는 한국군의 독자적 방위 역량 구축을 저해하고, 한미동맹에 대한 비판적이고 합리적인 사고를 억압하는 결과를 낳았다. 방위비 분담금 증액, 미군 범죄 및 SOFA 개정, 미군기지 환경오염 등 한미동맹 속에서 불거질 수 있는 여러 문제들에 있어 당당한 태도를 견지하는 동시에, 대미 협상력을 제고하기 위한 노력이 필요하다. 독자적 역량을 갖춘 국가 간의 협력은 자립성을 결여한 국가가 다른 한 국가에 의존하는 관계와는 본질적으로 구별된다. 따라서 현재 한국의 국력과 국제적 위상에 부합하지 않는 제도나 관행은 과감히 혁파할 필요가 있다.

(3) 북한·북핵 위협과 대응 옵션

2024년 기준 한국의 GDP는 북한의 약 60배이며, 국방비 규모만으로 북한 GDP의 1.5배를 상회한다. 군사력, 생산력, 물자, 외교력, 주한미군의 존재 등 모든 측면에서 한국의 국력이 압도적이다. 북한은 1인당 국민소득 기준으로 소말리아, 토고, 말리 등 세계 최빈국보다 낮은 수준이다. 따라서 북한이 한국 혹은 한미연합군을 상대로 전면전을 선제적으로 개시·수행·지속할 수 있다는 주장은 현실적 근거가 희박하다. 오히려 북한이 전략적 고립과 압도적 열세에 직면했기 때문에 비대칭전력, 특히 핵·미사일 능력에 집중한다고 보는 것이 타당하다.

일부에서는 북한이 한국 영토를 기습 점령한 뒤 핵 위협을 통해 이를 기정사실화할 수 있다고 주장하나, 남북 간 전력 차이를 감안할 때 기습점령은 실현 불가능하다. 또한 점령을 위한 선제적 핵 사용의 현실성도 매우 낮다. 억제를 목적으로 분쟁 초기 단계에서 선제적으로 핵무기를 사용하는 '비확전을 위한 확전'(escalate to de-escalate) 전략이 채택된 사례가 없지는 않다. 그러나 공멸을 목적으로 삼는 극단적 상황이 아니라면 북한의 핵무기 사용 가능성은 지극히 낮다고 평가할 수 있다.

결국 북핵 위협을 명분으로 확장억제를 강화하려는 미국의 목적은 중국의 부상을 억제하고, 미 본토에 대한 핵공격을 방지하는 것이다. 미국은 탈냉전 이후 북일수교, 북미수교 등 전면적인 관계 개선에 소극적 태도를 보이며 북한을 고립시켰고, 북핵 위협을 이유로 주한미군의 정당성을 둘러싼 논란을 불식시켰다. 북한의 실제 핵무기 보유 여부와 무관하게, 또 북한이 핵무기를 가지기 이전부터, 미국은 북핵 위협을 근거로 한미동맹과 주한미군 주둔을 정당화해 왔고, 중장기적 차원에서 대 중국 억제체제 강화를 도모하고 있다. 미국이 전략적 방치라는 비판을 받으면서도 전략적 인내 정책을 고수하고, 북핵 문제 해결을 우선순위에 두지 않은 것도 이 때문일 것이다.

이렇게 보면 한국의 북핵 문제 대응에서 핵심이 되는 쟁점은 핵무기 그 자체가 아니라 강대국 갈등에의 연루 위험이다. 미국은 확장억제의 신뢰성 문제를 적정선에서 관리함으로써 한국에 대한 영향력을 유지하고, 중국 견제를 위한 무기체계를 배치하는 등 유리한 안보환경을 조성할 수 있다고 판단한다. 지정학적으로 미중갈등의 최전선에 위치한 한국은 확장억제가 강화될수록 미중갈등에 연루될 위험이 커지는 것이다. 한미 핵협의그룹(NCG)에서 핵보유국 미국과 한국이 동등한 지위를 갖기는 어려우며, 미국의 이익과 선호가 반영될 가능성이 크다. 미국의 확장억제와 한국의 재래전력을 통합하는 재래식-핵전력 통합구상(CNI) 또한 강대국 핵경쟁에 한국을 연루시킬 위험이 크다. 전술핵 재배치 또한 마찬가지 위험이 있다. 미중갈등 격화로 중국이 한국에 배치된 무기체계를 선제 타격하는 등의 상황이 발생하면 한국은 미중의 대리전에 휘말리거나, 전장으로 전락할 위험이 있다.

한국이 주도권을 발휘할 수 있는 선택지로는 자체 핵무장과 핵잠재력 확보, 그리고 한반도 비핵화라는 상반된 두 가지 길이 있다. 자체 핵무장과 핵잠재력 확보의 경우 미중의 반대, 비확산 체제 등으로 인해 현실성이 크지 않다. 한반도 비핵화 역시 역내 강대국들의 역학관계를 극복할 수 있는 한국의 능력과 의지를 필요로 한다는 점, 북한의 호응을 필요로 한다는 점에서 마찬가지로 쉽지 않은 길이다. 그럼에도 불구하고 한국은 북핵 문제에서의 주도권 확보, 연루의 위험 회피를 최우선순위에 둔 정책을 추구해야 한다.

한반도 비핵화를 위해서는 남북관계의 실질적 개선과 신뢰 구축을 통한 안정적 상황 관리가 병행돼야 한다. 장기적으로 비핵화 목표를 유지하되, 정세적인 상황관리 차원에서는 북한과의 관계 개선을 도모해야 한다. 동시에 북핵 위협을 과소평가하거나 과대평가하지 않으면서 전시 작전통제권 전환과 한국의 전략적 자율성을 전제로 한 국방력을 구축해야 한다. 또 미국에게 확장억제를 선제적으로 요구할 경우 미국의 대중 전략에 우리를 연루시키는 추가 요구가 부과될 수 있으므로, 확장억제는 보장(assurance) 수준에서 유지하는 것이 바람직하다.

2. 국익 최우선 국방, 어떻게 할 것인가?

(1) 한국 국방의 근본문제

한국 국방의 구조와 방향성은 대외적으로는 미국의 국가안보 전략, 대내적으로는 육군 중심의 군 조직 체계로부터 결정적인 영향을 받아왔다. 미국은 잠재적 패권 경쟁국 부상 저지라는 국가안보전략의 목표를 위해 한반도에 대한 영향력 확보를 중시했고, 한국에 미군을 주둔시켜왔다. 미국은 주한미군 주둔을 장기적으로 보장함으로써 역내 영향력을 유지하고, 동시에 한반도에서 한국의 국익 추구 행위에 연루되지 않기 위해 한국군의 독자적 작전 수행 능력을 통제하고 있다. 군의 합동성을 떨어뜨리는 육군 중심의 군 구조, 그리고 미국에 의한 작전통제권 행사가 바로 그것이다.

미국은 한국군이 미군에 의존하지 않고는 효과적으로 작전을 수행할 수 없도록, 다시 말해 독자적인 작전 능력이 결여되도록 한국군을 극단적인 육군 중심의 군 구조로 편성했다. 이는 한국군 내 권력 분포와 의사결정 구조 전반에서 육군의 기득권 강화를 가져왔다. 이 같은 구조는 박정희, 전두환, 노태우 등 육군 출신 인사들이 정치권력을 장악할 수 있었던 중요한 배경이기도 했다. 오늘날 육군은 가장 많은 병력을 보유하고 있을 뿐 아니라 계급 서열에서도 절대적 우위를 점하는 구조를 유지하고 있다. 불과 수년 전까지도 국방부의 장관, 실장, 국장 등 주요 보직의 대다수가 육군 출신이었다는 점이 이를 방증한다.

또 미군은 한국군에 대한 작전통제권을 행사해 왔다. 작전통제권이란 작전적 수준에서의 의사결정권을 의미한다. 작전적 수준이란 국가안전보장회의에서의 전략적 수준의 결정을 군사적 목표로 전환하고 이를 달성하기 위한 전역계획 수립 및 한미연합사령부, 육해공 구성군사령부 등이 수행하는 3군 합동작전의 수준을 의미한다. 한국군은 한미연합체계의 일부로서 운용된다. 이는 한국군이 궁극적으로 미국의 국가안보전략과 이를 위한 미군 대장의 지휘를 따른다는 의미이다.

이처럼 한국군은 군의 구조와 작전통제권의 측면에서 독자적인 작전 수행 능력을 결여하고 있고, 이는 네 가지 중요한 문제를 초래하고 있다.

첫째, 군의 의식 문제다. 미국에 의존하지 않고는 제대로 전쟁을 수행할 수 없고, 독자적으로 전쟁을 수행할 수 없으니 다시 미국에 의존해야 한다는 논리가 군의 의식을 지배했다. 이로 인해 우리 군 장교 대다수가 한미동맹을 우리 국익 추구의 수단이 아닌 목표 그 자체로 오인하는 근원적인 왜곡이 고착됐다.

둘째, 군 장교들의 전략적 사고력과 전문성 결여 문제다. 우리 군은 전쟁의 작전 및 전략적 수준에서의 사고를 독자적으로 발전시키기보다는 미군의 목표와 지휘에 따르는 현실에 익숙해져 있다. 이에 우리 군의 역할은 전술적 차원에서 항공기, 전차, 함정 운용 등 기능주의에 국한되었다. 다시 말해, 한국군 장교들은 교리, 전략, 국제관계, 역사 등 국가안보 차원의 기본 지식과 소양을 함양하는 데 구조적 제약을 받고 있으며, 이를 개선하기 위한 유인도 부족하다.

셋째, 한반도에서 미국의 국익 추구에 연루될 가능성이 점차 증대되고 있다. 한미동맹을 무비판적으로 지지하는 인식 구조와 그에 기반한 이해관계는 이런 위험을 더욱 심화시키고 있다. 미중갈등이 첨예화되는 상황에서, 우리 군이 한미동맹을 국가 이익을 위한 수단이 아닌 목표 그 자체로 간주하는 경향이 지속되면서, 한국이 강대국 간 전략적 경쟁의 전면에 노출될 위험이 커지고 있다. 사드 배치 과정이 대표적인 사례라고 할 수 있다. 미중갈등의 최전선에 한국이 노출되지 않도록 미국에 분명한 입장을 요구하기보다는, 미국의 신뢰를 상실할 가능성을 더 우려하는 군 장교 및 국방 전문가들이 더 많았다는 사실은 이러한 구조적 문제를 단적으로 보여준다.

넷째, 위협 인식, 전시 군사력 운용, 평시 전력 건설 간의 불일치가 구조적으로 고착되어 있다. 평시 군사력 건설은 전시 군사력 운용을 위한 최적의 배합이어야 한다. 자체적인 안보 위협 평가에 따라 전시 최상·최적의 군사력 운용을 위해 평시 주어진 병력과 예산을 활용하여 전력 건설을 해야 한다. 그러나 전시 한국군은 한미연합군의 일부로서 운용되기 때문에 미국의 국가안보전략과 이를 위한 미군의 지휘체계를 따르는 전시 운용에 부합되도록 평시 전력 건설이 이루어진다. 이는 전시 합동 군사력 운용은 물론, 국방부 및 합참과 같은 정책 부서에서 평시 전력 건설 관련 전문성을 제대로 갖출 수 없다는 것을 의미한다.

(2) 자생력 있는 미래지향적 군 건설

독자적인 작전 수행 능력 발전을 저해하는 군 구조와 작전통제권 문제, 그리고 이로 인한 군 전반의 타성을 혁파하고, 자주국방을 위한 자율적 역량을 강화하기 위한 개혁의 방향은 아래의 다섯 가지로 요약될 수 있다.

첫째, 전시 작전통제권 전환과 병행적 지휘구조 구축이다. 한미연합체계가 야기하는 문제를 해결하기 위해서는 지휘구조 개혁이 선결되어야 하며, 이는 전시 작전통제권 전환을 통해 달성될 수 있다. 문재인 정부에서 제시한 합참의장의 연합군사령관 겸직 방안은 근본적인 지휘권 확보를 보장하지 못하는 한계가 있다. 실질적인 작전통제권 확보가 중요하며, 미군과 대등한 병행적 지휘체계를 구축해야 한다. 이를 통해 국력과 국격에 걸맞은 구조를 갖춰야 한다. 최종적으로는 미군 지휘체계와 독립적인 합동군사령부를 합참 예하에 설치하는 구조로 나아가야 한다.

둘째, 각 군의 임무와 역할을 재정립해야 한다. 과거 국방개혁 시도들은 육군 중심의 기득권 구조로부터 자유롭지 못한 국방부 주도로 추진됐고, 이 때문에 합동성 및 민주적 통제 원칙을 구현하지 못했다. 3군 합동작전의 효율성을 제고하기 위해서는 군 내 기득권 집단의 영향력을 차단하고, 대통령과 국회의 주도 아래, 엄격한 통제 속에서 개혁을 추진해야 한다. 또 국방부 주도의 자체 조정이 아니라, 사회 다양한 분야의 전문가들이 참여할 수 있도록 해야 한다. 새롭게 정립된 임무와 역할에 따라 조직, 인력, 무기체계, 예산 등 제반 사항을 결정하고, 이를 기반으로 합동작전 수행 역량을 강화해야 한다.

셋째, 각 군 장교 규모 및 계급 구조의 균형을 확립해야 한다. 합동성은 본질적으로 작전 수준에서의 전력통합을 의미하며, 이를 달성하기 위해서는 각 군이 조화롭게 기능할 수 있는 단계적 전력 구조가 필수적이다. 합동성을 실질적으로 구현하기 위해서는 국방부, 합동참모본부, 합동군사령부 등 합동 관련 조직 내에서 육·해·공군 간 균형 있는 인력 배분과 계급 구조를 유지하는 것이 중요하다. 특정 군 중심의 인력 편성은 합동작전의 기획과 수행, 나아가 군사력 운용 전반에 있어 구조적인 제약을 초래할 수 있기 때문이다. 구체적으로는 각 군 간 1:1:1의 비율을 기반으로 한 인적 구성 원칙을 제도적으로 확보해야 하며, 단지 형식적인 균형이 아닌 실질적인 작전 기획 및 전력 운용의 공정성과 효율성이 확보돼야 한다. 중장기적으로는 각 군 사관학교를 통합한 '통합사관학교' 설립도 적극 검토해야 한다. 통합사관학교 졸업 시 각 군으로 배치되는 초임장교 정원을 육·해·공군 간 1:1:1의 비율로 조정함으로써, 장기적인 구조적 균형, 각 군의 평등한 상호인식, 합동성 제고를 제도적으로 정착시킬 수 있을 것이다.

넷째, 분산된 공중력을 공군 중심으로 재조직해야 한다. 미국의 각 군이 독자적으로 항공 전력을 보유하는 이유는 전 세계 여러 지역에서 독자적인 전쟁 임무를 수행해야 하기 때문이다. 그러나 한국군은 한반도에서의 합동작전 수행을 목적으로 조직되어 있으므로, 각 군이 공중 전력을 중복 보유하는 것은 부적절하다. 이는 예산의 관점에서도 중요하다. 국방예산에서 공중 전력이 차지하는 비중이 작지 않기 때문이다. 현재의 군별 나눠먹기식 예산 배정 하에서는 공중 전력의 핵심 예산이 분산되어 공군의 첨단 항공 전력 및 정보전력 건설에 차질이 발생할 우려도 있다. 이에 대한 근본적 해결책으로 공군을 중심으로 한 공중 전력의 통합 운용 및 예산 배정이 이루어져야 한다.

다섯째, 장교의 안보·역사 의식 및 전문성을 강화해야 한다. 현행 정훈 교육 콘텐츠를 전면 재구성해 최신 학술 연구 성과를 반영하고, 한반도의 지정학적 특징 및 그로 인한 역사적 비극을 체계적이고 논리적으로 담아내야 한다. 이념 주입에 기반한 비논리적 정신교육은 민주주의 사회의 군대 양성에 부적합하며, 권위주의 정권에서나 통용될 수 있는 낡은 방식임을 명확히 인식해야 한다. 또 장교들이 고도의 전문성을 갖출 수 있도록 체계적이고 실질적인 교육체계를 구축해야 한다. 이를 위해 군 교육과 인사 시스템을 긴밀히 연계해, 단순히 하드웨어 운용이나 야전 경험에 치중하는 현재의 관행을 개선해야 한다. 고위급 장교로 진급할수록 고도의 전문적 의사결정 능력이 요구되는 만큼, 교리, 전략, 국제관계, 역사 등 국가안보 차원의 기본 지식 습득을 위한 교육 이수와 이와 연계된 승진 체계 마련이 필수적이다.

(3) 새로운 안보환경에 필요한 국방개혁

미국은 자신의 전략적 필요에 따라 한국군의 자율성과 구조를 조정해 왔다. 강대국 간 데탕트가 조성되는 시기에는 한국의 국방 자립을 강조했지만, 역내 강대국과의 긴장이 고조되는 시기에는 한국군에 대한 지휘 및 통제권을 강화하는 패턴이 일반적이었다. 그러나 최근 미국의 전략적 태도에 변화가 나타나고 있다. 경제적 상황의 악화, 중국의 부상 등으로 인해 과거와 같은 방식으로 동맹국의 안보를 일방적으로 보장하기 어려운 상황에 직면하게 됐고, 이에 따라 동맹으로서 한국의 역할 강화를 강조하는 동시에, 한국군의 자주적 역량 강화를 지속적으로 요구하고 있는 것이다. 한국은 이러한 변화를 기회로 활용해 한국군의 자율성을 증진하고 국익을 극대화할 수 있는 방안을 모색해야 한다.

한편, 급격한 출산율 저하로 인한 병력 자원의 감소, 예산의 한계, 그리고 사회구조 변화 등으로 인해 대규모 지상군 중심의 전력을 유지하는 것은 점점 더 어려워지고 있다. 더욱이, 첨단기술의 발전도 전통적인 군사력 구조의 재편성을 요구하고 있다. 따라서 육군 중심의 작전이나 병력 운용 개념은 평시 군사력 건설은 물론 전시 군사력 운용에도 부적합해지고 있다. 실제로 다수의 선진국은 이미 지상군 병력의 감축과 함께 해·공군 중심의 전략 재편을 추진한 지 오래다.

인공지능 등 전쟁 패러다임 자체를 전환시킬 수 있는 기술의 출현으로 인해 미래전 양상은 더욱 불확실해지고 있다. 이런 전례 없는 안보환경 변화에 대응하기 위해서는 단순히 육·해·공군의 기능적 개편을 넘어, 미래 전장의 성격, 그리고 각 군의 임무 및 역할에 대한 근본적인 재개념화가 필요하다. 이를 토대로 국방부, 합참, 각 군 등 기존의 대형 조직이 수행해야 할 임무와 역할이 명확히 정립되어야 하며, 조직구조와 편제가 재설계되고, 군사력 운용 방식 또한 새롭게 설정되어야 한다. 이러한 기반 위에서 실질적인 합동전 수행 개념이 도출될 수 있다.

약 80여 년간 유지되어 온 군 조직 체계를 근본적으로 재구조화하는 과정은 여러 가지 논란과 반발을 야기할 가능성이 있다. 그러나 국방개혁은 더 이상 미룰 수 없는 절박한 과제이며, 그 효과가 군으로 한정되지 않는 국가적 차원의 중대 과제다. 따라서 개혁의 주체를 군으로 한정하지 않고 다양한 영역의 전문가들이 참여하는 전 국가적 프로젝트로 추진할 필요가 있다. 개념 정립 단계부터 다양한 영역의 공론화를 통해 적극적으로 합의를 도출하고, 실행 단계에서는 대통령부터 일반 시민을 아우르는 사회 전체의 적극적인 관심과 참여가 필요하다.

아울러, 군은 국민으로부터 신뢰와 존경을 받는 존재가 되기 위한 지속적인 노력을 병행해야 한다. 과거와 같이 반공이나 안보 논리만으로 군의 존재 이유를 시민들에게 납득시킬 수 없다. 군이 민주주의의 원칙을 철저히 내면화하고, 국민과 국가의 안

녕을 책임지는 조직으로서 고도의 도덕성과 윤리성을 중시하고 실천할 때, 비로소 국민의 신뢰를 얻을 수 있을 것이다. 이런 군 개혁 방향을 전 장병을 대상으로 한 교육과 훈련 과정 전반에 걸쳐 일관되게 적용해야 하며, 이것이야말로 진정한 국방개혁의 출발점이자 지향점이라고 할 수 있다.

3부

트럼프 시대, 상호존중의 새로운 한미관계 설정

1. 트럼프의 미국, 여전히 자애로운 패권국인가?

(1) 불량 초강대국 미국?

주류 자유 국제주의자들은 미국이 자애로운 패권국이라고 주장한다. 이들에 따르면, 미국은 합의된 규칙과 제도에 기반해서 힘을 행사하는 예외적인 국가이며, 이것이 미국 대외전략에 정당성을 부여한다. 대표적인 사례가 전후 탈식민화에 대한 옹호, 국제연합(UN)을 통한 입헌주의 원리 구현, 뉴딜의 세계화와 국민경제 발전의 비전이었다. 일부는 이를 특정한 정세의 산물이 아니라 미국 패권의 본질적인 속성으로 이해한다. 과거의 패권국들과 달리 미국의 우위는 단순히 힘에 기반한 우위가 아니기 때문에, 미국 패권과 미국 주도 세계질서는 더 안정적이고, 매우 강한 회복력을 갖는다는 것이 핵심 결론이다.

그러나 미국적 예외성을 강조하는 이런 주장은 현실의 역사에 부합하지 않는다. 2차 세계대전 승전 이래 미국은 자신의 이익에 부합하는 세계질서를 형성할 수 있는 체계의 설계자인 동시에, 이로부터 특권을 추구하기도 하는 특권 추구자였다. 1970년대의 일방적인 브레튼우즈 체제 해체, 1980-90년대의 공세적인 신자유주의 확대가 대표적 사례다. 1980년대의 일방적 군축 논의 중단과 2차 냉전, 탈냉전기의 군사적 일방주의도 마찬가지다. 이는 미국이 세계질서의 안정을 추구하는 현상유지적 행위자가 아니라, 필요에 따라 기존 질서와 제도를 파괴, 우회하거나 그 기능을 자신의 이익에 부합하도록 변화시키는 현상타파 행위자일 수도 있음을 의미한다.

이를 가장 잘 보여주는 사례가 바로 트럼프의 미국 우선주의와 일방주의다. 트럼프 대통령은 특유의 거래적 접근으로 동맹관계를 평가하면서, 북대서양조약기구(NATO), 일본, 한국 등의 동맹국들에 대한 비용분담(cost sharing), 부담분담(burden sharing) 요구를 강화했다. 그러나 동맹에 대한 냉소와 비판에도 불구하고, 트럼프는 동맹관계를 완전히 부정하지 않았다. 트럼프의 일방주의가 겨냥한 핵심 공격 대상은 중국이었으며, 중국과의 전략경쟁에 동맹의 역할이 필수적이라는 것이 트럼프의 계산이었다.

물론 미국의 자국 중심주의 정책이 트럼프로 국한되는 것은 아니다. 예컨대, 오바마 행정부 시절의 미국재건재투자법에 이미 바이 아메리칸(Buy American) 조항이 포함돼 있었다. 동맹과 다자주의를 강조한 바이든 행정부에서도 미국 우선주의는 지속됐다. 바이 아메리칸 정책, 반도체법과 인플레이션 감축법 등 국내 생산을 제고하기 위한 정책들이 대표적 사례였다.

그러나 필요에 따라 동맹관계를 활용하려 했던 트럼프 1기와 달리, 2기 행정부는 적어도 현재까지는 동맹과의 공조보다는 동맹을 불문한 비난과 공격에 더 주력하는 모습이다. 방위비 분담금 인상 요구와 국방비 증액 요구에서 알 수 있듯, 기존의 비용분담, 부담분담 요구가 더 노골적인 부담이전(burden shifting) 요구로 변화했다. 또 무차별적인 관세 폭탄에서 드러나듯, 이제 미국의 일방주의는 특정 국가를 대상으로 하는 것이 아니라 질서와 제도 자체에 대한 공격이라는 점에서 더 중요한 함의를 갖는다.

미국 외교의 공격성과 예측 불가능성이 커지면서 트럼프 1기 이후 제기되기 시작한 비자유주의적 패권국, 불량 초강대국(rogue superpower)이라는 우려가 현실화되고 있다. 주류적 인식의 대척점에서 제기된 담론이 확산되기 시작한 것이다. 2020년 이후 <포린 어페어스>에 투고된 일련의 글에서 제기된 이런 주장에 따르면, 미국 우선주의 외교 속에서 미국은 비자유주의적 강대국으로 변화할 가능성이 있으며, 이에 따라 세계질서의 불안정성이 증폭될 위험이 있다. 불량 초강대국 역할을 지속할 수 있는 미국의 능력, 그 결과에 대해서는 일치된 의견이 없지만, 확실한 것은 미국 스스로가 자유주의적 국제질서의 안정을 해치는 행위자로 변모하고 있다는 점이다. 이 경우 가장 큰 곤란에 직면하게 되는 것은 바로 한국을 포함한 미국의 동맹국들이다.

(2) 미국 주도 동맹체계의 불안정성

'동맹에 의한 제국'으로 불릴 정도로 동맹 네트워크는 미국 패권을 지지하는 핵심 기제였다. 전후 형성된 두 동맹체계, 즉 서유럽의 NATO와 아시아-태평양의 '허브앤스포크'(hub and spokes) 체계는 지금도 미국의 전 세계적 영향력을 유지하는 중심축이다. 금환본위제를 지탱한 1960년대의 골드풀, 달러 패권 유지에 기여한 1970-80년대 일본과 서독의 협력도 동맹의 중요성을 보여주는 사례다.

혼자만의 능력으로 전략적 목표를 달성하기 어려울 때 동맹의 중요성은 더 커진다. 미중 전략경쟁이 고조되면서 미국이 중국 견제를 위해서 동맹국들의 역할 확대를 요구하는 것도 바로 이런 맥락에서 이해할 수 있다. 트럼프는 특유의 일방주의에도 불구하고 적어도 인도-태평양 지역에서 중국을 견제하기 위한 동맹의 역할을 강조했고, 바이든은 주요 7개국(G7)과 NATO 같은 대서양 동맹을 반중 동맹의 틀로 통합하려 했다.

중국과의 전략경쟁을 위한 동맹 네트워크 확대에서 특징적인 것은 이슈, 참여국, 협력의 강도 등에서 차별성을 띠는 다수의 동맹체들이 등장했다는 점이다. 쿼드(Quad), 오커스(Aukus), 파이브아이즈(Five Eyes) 등의 안보 동맹체, 경제번영네트워크(EPN), 블루닷네트워크(BDN), 5G 클린네트워크, 쿼드 신기술 워킹그룹, 미국-EU 무역기술위원회, 인도-태평양 경제 프레임워크(IPEF), 칩4(Chip4) 등의 기술·경제 협력체가 대표적 사례다. 물론 이 중에서는 시효 만료 됐거나, 제대로 실행되지 않은 구상도 많다. 그러나 명확한 것은 미국의 편의에 따라 다층적이고 중첩적인 복수의 동맹체가 제안되고, 형성됐다는 점이다.

이처럼 미국은 패권을 쇄신하고, 자국의 이익에 부합하도록 세계질서를 재편하기 위해서 필요에 따라 동맹국들의 자원을 활용하고, 비용과 부담을 전가했다. 미국의 이런 전략은 중국보다 우위에 있는 동맹 네트워크의 활용이라는 측면에서 유용할 수 있지만, 반대로 동맹국들의 불만이 관리되지 못하거나, 동맹국들 사이에서 갈등과 불협화음이 커질 경우 제약이 될 수도 있다. 과거에도 미국은 필요에 따라 동맹국의 자원을 활용하거나, 동맹국에게 역할을 부여해 왔다. 대표적인 것이 냉전기 반공·발전주의 동맹이다. 그러나 냉전기 미국의 동맹 전략이 동맹국들의 자원을 동원하되, 체제 경쟁을 위한 중장기적 발전을 도모하는 전략이었다면, 현재 미국의 전략은 동맹국의 자원을 추출해 자국만의 협소한 목적을 위해 활용하는 전략으로 볼 수 있다.

이를 보여주는 사례는 많다. "Buy American, Made in America, Invest in America" 같은 자국 중심적 정책, 달러의 기축통화 지위를 이용한 일방주의적 거시경제 정책에 대한 동맹국들의 불만이 대표적 사례다. 글로벌 공급망 재편 전략에서는 이런 갈등이 더 명확히 드러난다. 미국의 동맹국들은 글로벌 공급망 재편에 있어 서로 다른 이해관계를 가지고 있으며, 또 잠재적인 경쟁 관계에 놓여있는 경우가 많다. 일례로, 한국, 타이완, 일본은 반도체 산업의 경쟁자이며, 중국과의 탈동조화 속에서 미국 시장을 두고 경쟁해야 하는 상황이다. 독일, 프랑스, 이탈리아 등 유럽 국가들은 G7이나 EU 틀에서는 미국에 보조를 맞추면서도 중국과의 갈등을 적절히 관리할 필요가 있다는 유보적인 태도를 취해 왔다. 군사안보적 차원에서도 미국의 국방비 증액 요구 같은 압력이 지속되고, 중국의 실존적 위협이 강화될 경우 미국 편승의 비용은 급증하는 대신, 연루의 위험을 회피하고자 하는 유인이 더 커질 수 있다.

트럼프 2기 행정부는 중국 견제의 비용을 인도-태평양 지역의 동맹국들과 분담하겠다는 점을 명확히 하고, 이에 비판적인 목소리들을 원색적으로 비난하고 있다. 이런 기조 속에서 일본, NATO가 안보 무임승차를 하고 있다고 비판하면서 국방비 인상을 지속적으로 요구했다. 또 전 세계를 대상으로 한 관세폭탄에서 동맹국들도 예외가 될 수 없었다. 한국 또한 방위비, 관세 등 전방위적 압박에 노출될 것으로 예상된다. 이처럼 미국이 합리적 근거 없이 동맹을 압박하고, 나아가 질서 자체를 공격할 경우 미국에 대한 불만이 누적되고 죄수의 딜레마에서 벗어나기 위한 동맹국들의 협력이 강화될 수도 있다. 미국의 관세폭탄에 맞선 캐나다와 유럽의 공동 대응 모색, 중국의 아시아 지역협력 강화 시도가 대표적 사례다. 이런 변화는 미국 주도 세계질서에 대한 근본적인 도전이 될 수 있으며, 한국에게도 매우 중요한 전략적 고려사항이다.

2. 트럼프의 역할 분담 요구, 그대로 수용해야 하는가?

(1) 관세폭탄 대응: 자유무역 국가들과의 협력

트럼프 대통령이 대선 과정에서 공언했던 관세폭탄은 보편 관세, 국가별 관세, 품목별 관세, 상호 관세의 소위 '4종 세트'로 현실화됐다. 보편 관세는 모든 수입품에 대한 관세, 국가별 관세는 무역 불균형이 심한 국가들에 대한 관세, 품목별 관세는 핵심 품목에 대한 품목별 관세, 상호 관세는 대상국의 불공정 무역에 대한 상응조치다. 한국은 보편 관세에 더해 25%의 국가별 관세를 부과받았으며, 품목에 따라 추가 관세가 부과될 수도 있다. 또 베트남에 부과된 46% 관세 충격을 그대로 받게 된 삼성의 사례처럼 해외 생산기지를 구축한 기업들 또한 큰 타격을 받을 수밖에 없는 상황이다.

트럼프 대통령은 특유의 거래적 접근을 통해 관세를 협상수단으로 다른 사안들을 동시에 처리하는 '원스톱 쇼핑'을 언급한 바 있다. 특히 트럼프는 한국을 대상으로 방위비 분담금, 방산협력(조선), 각종 비관세 장벽 철폐, 미국산 농축산물 수입 확대, 미국산 천연가스 구매, 알래스카 가스관 합작 사업 등의 의제를 선제적으로 제시하기도 했다.

트럼프의 관세 부과 직후 70여 개국이 미국과의 관세 협상 의사를 밝혔다. 중국과 캐나다는 보복관세를 부과하고 미국의 대체자를 모색하는 강경한 대응에 나섰고, 일본, 베트남, 타이완, 인도 등은 적극적인 협상 의지를 밝히는 동시에, 미국의 요구를 일부 수용하는 양보안을 제시했다. 유럽의 경우 보복 조치를 준비하고 중장기적인 대안을 모색하는 동시에 협상안을 조율하는 절충적인 입장을 취하고 있다.

관세 완화의 반대급부로 미국이 요구하는 것들은 국내적으로 상당한 혼란과 비용을 초래할 가능성이 큰 사안들이다. 더 심각한 문제는 트럼프의 관세폭탄 자체가 정교하게 준비된 정책이 아니라는 점이다. 미국의 국내적 불만이나, 다른 국가들의 반발,

이에 수반되는 협상에는 체계적인 대비가 되어있지 않은 모습을 보이고 있는 것이다. 이 때문에 미국 또한 상황을 관망하면서 90일의 유예기간을 설정한 것으로 보이며, 따라서 협상 자체를 성급하게 진행할 필요는 없다. 그러나 트럼프가 원스톱 쇼핑을 언급하며 관세를 수단으로 다른 사안의 협상에서 우위를 선점하려는 전략을 구사하고 있는 만큼 철저한 대비가 필요하다.

우선, 지금의 관세부과가 계산과 조율이 가능한 정교한 정책이 아니며, 협상 전개과정의 불확실성이 너무나 크다는 점에 유의해야 한다. 따라서 관세 인하를 위해 성급하게 다른 사안을 양보하는 등 미국의 협상전략에 말려들지 않도록 신중한 태도를 견지해야 한다. 특히 관세와 안보 사안을 결합, 불리한 협상조건 속에서 방위비 분담금 등에 대한 불필요한 양보를 하지 않도록 주의할 필요가 있다. 방위비 분담금은 국방부, 관세는 재무부·USTR·상무부 소관 사항으로 세부 조율이 쉽지 않을 가능성도 있고, 무엇보다 미국의 선의에 기대야 하는 협상이기 때문에 미국에 끌려다닐 위험이 있다는 점도 고려해야 한다.

가장 중요한 것은 개방적 통상을 지향하는 다른 국가들과의 협력과 연대다. 트럼프 1기 무역전쟁과 달리 현재의 관세폭탄은 특정국이 아니라 사실상 전 세계를 대상으로 하고 있다. 따라서 미국을 상대하는 가장 효율적인 방법은 미국이 우위에 설 수밖에 없는 1:1 협상을 최대한 피하고, 공동 대응에 나서는 것이다. 반대로 미국에게 최상의 상황은 나머지 국가들이 미국의 압력을 그대로 수용하거나, 미국과 개별적으로 협상에 나서는 상황이다. 현재 미국의 관세에 대항하는 새로운 세력의 형성을 가장 적극적으로 추진하고 있는 국가는 중국이며, 중국과 EU의 협력 가능성도 제기되고 있다.

여기에서 한 걸음 더 나아가 개방적 통상을 지향하는 국가들과의 연대가 배타적 연합 형성으로 귀결되지 않도록 이를 적극적으로 확장하려는 노력도 필요하다. 한국이 체결한 EU, ASEAN, 중국과의 자유무역협정(FTA)은 이를 위한 중요한 자산이 될 수 있다. 또 한중일 FTA를 재추진해 일본을 통합하고, 이를 토대로 다자무역 체제 복원 이슈를 주도적으로 제기할 필요가 있다. 이와 동시에 중장기적 차원에서 유라시아, 남미, 아프리카 등으로 수출시장 및 공급망을 다원화해 한국의 취약성을 보완하고 협상력을 제고해야 한다.

(2) 방위비 분담금 인상: 한국의 기여와 전략적 중요성을 통한 비판

트럼프 대통령은 특유의 거래적 접근 속에서 동맹을 친구가 아니라 거래의 파트너로 다루고 있다. 이런 기조 하에서 동맹국들에게 더 큰 비용과 역할을 부담할 것을 노골적으로 요구하고 있다. 한국에게 직접적으로 가해지고 있는 압력은 방위비 분담금 증액 요구다. 트럼프는 한국을 '머니 머신'(money machine)으로 칭하며 현재 분담금의 10배에 달하는 100억 달러의 분담금을 언급한 바 있다.

트럼프는 1기 행정부 시절에도 방위비 분담금 5-6배 인상을 요구한 바 있다. 2021년 바이든 행정부가 출범하면서 11차 한미 방위비특별협정(SMA)을 통해 10.3억 달러의 분담금 규모가 합

의됐고, 2024년 초 12차 SMA 조기 협상 결과 2026-30년에 연간 11.3억 달러의 분담금이 이미 책정된 상태지만, 트럼프가 다시 방위비 분담금 증액을 이슈화하고 있는 상황이다.

〈역대 SMA 협상 결과〉

차수	연도	금액	비고	차수	연도	금액	비고
1차	1991년	1.5억 달러		8차	2009년	7,600억원	전년도 물가 상승률 반영, 연간증가율 상한선 4% 설정
1차	1992년	1.8억 달러		8차	2010년	7,904억원	
1차	1993년	2.2억 달러		8차	2011년	8,125억원	
2차	1994년	2.6억 달러	연간 10% 증액	8차	2012년	8,361억원	
2차	1995년	3억 달러		8차	2013년	8,695억원	
3차	1996년	3.3억 달러	1998년은 외환위기로 3.14억 달러로 감액	9차	2014년	9,200억원	전년도 물가 상승률 반영, 연간증가율 상한선 4% 설정
3차	1997년	3.6억 달러		9차	2015년	9,320억원	
3차	1998년	3.9억 달러		9차	2016년	9,441억원	
4차	1999년	3.4억 달러	기간 내 경제성장률, 물가상승률 동시 적용	9차	2017년	9,507억원	
4차	2000년	3.9억 달러		9차	2018년	9,602억원	
4차	2001년	4.4억 달러		10차	2019년	1조 389억원	
5차	2002년	4.7억 달러	연간 8.8% 인상, 전전년도 물가상승률 반영	11차	2020년	1조 389억원	2020년 동결, 2021년 13.9% 인상, 2022-25년에는 전년도 국방비 증가율 적용
5차	2003년	5.5억 달러		11차	2021년	1조 1,833억원	
5차	2004년	6.2억 달러		11차	2022년	1조 2,472억원	
6차	2005년	6,804억원	2005년 8.9% 감액, 총액결정방식 도입, 달러에서 원화기준으로 변경	11차	2023년	1조 2,896억원	
6차	2006년	6,804억원		11차	2024년	1조 3,463억원	
7차	2007년	7,255억원	전년도 물가상승률 반영	11차	2025년	1조 4,028억원	
7차	2008년	7,415억원		12차	2026년	1조 5,192억원	2026-30*

* 12차: 연간증가율 상한선 재도입(5%), 연간 증가율 지수 국방비 증가율에서 소비자물가지수 증가율로 대체

트럼프가 동맹에 대한 압력을 강화하고 있고, 또 한국의 방위비 분담금을 직접적으로 언급한 상황이기 때문에 분담금 일부 증액이 불가피할 수 있다. 한국의 경우 SMA가 조약으로 취급돼 국회 비준이 필요하지만, 미국의 경우 행정명령이기 때문에 별도의 비준 절차가 필요하지 않다. 대통령의 의사에 따라 언제든지 기존 SMA가 무효화될 여지가 있는 것이다. 물론 이미 2030년까지 분담금 합의가 이뤄져 있는 상황이기 때문에 선제적으로 방위비 분담금 문제를 제기하는 데는 신중해야 한다.

그러나 미국과의 협상이 이뤄지더라도 미국에 끌려다니거나 이를 그대로 수용하기보다는 한국의 기여와 중요성을 강조하면서 협상을 주도할 필요가 있다. 한국이 기지 건설비용 100억 달러 중 90% 이상을 부담한 평택 캠프 험프리스 기지는 미국에게 포기하기 어려운 전략적 메리트를 제공하고 있다. 또 한국 국방비는 GDP의 2.5% 수준으로 1% 수준에 머무르고 있는 유럽과 일본에 비해서 훨씬 더 큰 규모다. 이는 동맹국들의 국방비 인상을 지속적으로 요구해 온 미국에게 적극적으로 내세울 수 있는 한국의 기여다.

한일 간 분담금 비교 또한 한국의 SMA 협상 전략, 향후 분담금 구조 개선 방안 모색에 있어 중요한 참고점이 될 수 있다. 우선 총액의 규모에서 한국의 분담금 규모 1.5조 원은 일본의 2.2조 원에 비해 결코 작은 규모가 아니다. 주한미군의 1.4배에 달하는 주일미군 병력, 한국의 2.4배에 달하는 일본의 GDP를 고려했을 때 사실상 한국이 더 큰 비용을 부담하고 있다고 봐야 한다. 또 일본의 분담금에는 토지이용료, 함정 유지보수 비용, 자위대와 미군의 공동훈련 비용 일부가 포함돼 있다. 또 분담금의 운용에 있어서도 항목별·상향식 편성을 원칙으로 하는 일본과 달리 한미 SMA는 총액 기준으로 예산을 편성, 주한미군은 훨씬 더 자유롭게 예산을 전용하거나 미집행금을 누적할 수 있었다.

미국의 압박으로 불가피하게 협상에 임해야 할 경우 일본과 같은 소요형 편성 방식으로의 변경을 통한 합리적이고 투명한 분담금 운용을 요구해야 한다. 또 전시 작전통제권 전환이나 한미 원자력 협정 개정, 한국의 전략적 자율성 강화를 함께 다루는 고위급 대화 등의 채널을 적극 활용해야 한다. 무엇보다 주둔 비용 분담이라는 분담금의 본래 취지를 협상의 기준으로 설정하고, 전략자산 전개 비용 등 역내 분쟁에 연루될 수 있는 사안에 대해서는 명확한 거부 입장을 밝힐 필요가 있다. 미국의 증액 압력이 지속될 경우 궁극적으로는 지상군 병력 감축, 해·공군 및 정찰 자산 지원 중심으로의 전환 같은 주한미군의 장기적 재편도 의제로 설정하고 대안을 모색해야 한다.

(3) 전략적 유연성 확대: 강대국 경쟁 연루의 위험성 인식

미국은 직접적인 비용분담 요구와 더불어, 중국과의 전략경쟁을 염두에 두고 주한미군, 나아가 한국군의 역할을 확장하고, 한미동맹을 조정하려는 시도 또한 전개하고 있다. 핵심은 주한미군의 전략적 유연성을 확대하고, 궁극적으로 미국 주도 동맹 네트워크로 한국군 전력까지 통합 운용하겠다는 통합억제 구상

이다. 한국이 중국 견제를 위한 전진기지이며, 주한미군의 역할을 한반도로 국한하지 않는다는 것이 미국 조야의 합의다. 핵심은 타이완해협과 남중국해에서 중국과의 잠재적 무력 충돌에 대비하는 것이다. 엘브리지 콜비(E. Colby) 국방차관은 주한미군은 중국에 집중하고, 한국의 재래전력이 북한의 위협을 방어하는 역할 분담을 언급했다. 이는 2025년 4월 발표된 잠정국방전략지침에 그대로 반영됐다.

주한미군의 전략적 유연성과 관련해서는 이미 2006년에 합의가 이뤄진 바 있다. 그러나 문제는 합의가 모호하고, 구속력이 없다는 사실이다. 당시 한국과 미국은 "한국은 주한미군의 전략적 유연성을 존중하고, 미국은 동북아 분쟁에 연루되지 않겠다는 한국의 입장을 존중한다"는 합의를 도출했다. 그러나 영어 원문에 "it"으로 표기된, 동북아 분쟁에 연루되지 않는 주체가 한국군인지 주한미군인지 여전히 합의가 부재하다. 무엇보다 이런 합의를 강제할 능력이 한국에게 없고, 기동성과 신속성을 강조하는 현재 미국의 국방전략에도 부합하지 않는다는 점이다.

그러나 주한미군 역할 조정, 전략적 유연성 확대와 통합억제는 미중 전략경쟁에 한국을 연루시킬 수 있는 극히 위험한 사안임을 분명히 인식해야 한다. 물론 미군의 운용은 미국의 주권 사항이지만, 주한미군의 주둔과 운용은 한미동맹의 문제이기도 하다. 주한미군 주둔의 근거가 되는 한미상호방위조약에 따르면 주한미군의 목적은 한국 방위임을 상기하고 강조할 필요가 있다. 한미동맹의 기본목적을 강조하는 동시에 양자택일과 연루의 위험을 최대한 회피할 수 있는 대안을 모색해야 한다.

트럼프는 주한미군의 철수를 압박하면서 방위비 분담금과 전략적 유연성 관련 협상에서 우위를 점하려 하지만, 주한미군의 대 중국 억제 기능, 주한미군의 규모를 명시한 국방수권법, 공화당 및 외교·안보 참모진의 반대 가능성 등을 고려했을 때 대규모 철수 가능성은 크지 않다. 또 SMA 협상과 마찬가지로 전략적 유연성 또한 기존 한미동맹의 틀이 이미 존재하는 상황이므로 선제적으로 논의 테이블에 올릴 필요는 없는 사안이다.

불가피하게 전략적 유연성이 본격적인 협상 의제가 될 경우, 명확한 비용-편익 계산에 입각한 협상 전략을 수립할 필요가 있다. 특히 현재 미국이 가지고 있는 구상, 즉 미국의 확장억제 강화를 전제로 한국의 재래전력을 미국의 핵전략으로 통합하겠다는 계획 하에서 한국은 미중 전략경쟁의 최전선에 그대로 노출될 수밖에 없다는 점을 인식해야 한다. 여기에서 벗어나기 위해서는 한미동맹의 비대칭성을 완화하고, 한국의 전략적 자율성을 강화할 수 있는 협상의 방향을 설정해야 한다. 국방개혁과 자주국방 역량 강화, 전시 작전통제권 전환은 이를 위한 기본 전제다.

한미동맹의 역할이 지역적 차원으로 일부 확대되더라도 쿼드, 오커스 등 배타적 안보동맹체나 대 중국 압박에 한국군이 연루되는 것은 한국의 국익과 배치되고, 나아가 중국의 반발이 한국에 실존적 위험이 될 수 있으므로 명확히 거부해야 한다. 또 미국의 확장억제 강화로 인한 연루의 위험 증폭이 결국 북핵 문제로 인해 제기되고 있는 것이므로, 북핵 문제 해결과 한반도 비핵화 논의에서 주도권을 확보하거나, 최소한 배제되지 않을 수 있는 정책 전환을 모색해야 한다.

3. 상생과 상호존중의 한미관계, 어떻게 가능한가?

(1) 비대칭적 동맹에서 전략적 자율성으로

미국은 대한민국의 탄생과 존속을 근본적으로 규정한 존재론적 기반이었다. 1948년 정부 수립 이래 현재까지 한국 외교에 가장 큰 영향을 미친 것은 미국의 존재였다. 한미동맹을 통한 안보 불안 해소, 미국의 동맹 네트워크로의 통합은 한국의 생존과 번영을 위한 가장 중요한 전제조건이었다. 한국은 한미동맹 속에서 안보를 약속받았지만, 방기의 공포 속에서 미국에 편승하는 경직된 전략에 집착했고 외교의 자율성과 독자성은 극히 제한될 수밖에 없었다. 전형적인 안보-자율성 교환의 비대칭동맹이었던 것이다. 이는 한국의 미약한 국력과 냉전이라는 국제정치적 환경의 불가피한 결과이기도 했다.

탈냉전 이후 한국 외교의 자율성과 다변화를 위한 공간이 확대됐다. 남북관계 개선 시도와 북방정책은 그 결과였다. 특히 1992년 한중수교는 미국 일변도 외교를 변화시키는 중요한 전환점이었다. 그럼에도 한미동맹은 여전히 한국 외교의 핵심이었고, 미국의 절대적인 영향력도 유지됐다. 정도의 차이는 있지만 탈냉전기에도 한미동맹의 틀에서 이탈하려는 정권은 존재하지 않았다. 이는 한미동맹이 한국 외교를 지배하는 상수이며, 한국 외교가 어떤 방향으로 나아가든 한미동맹의 비용과 편익 속에서 사고될 수밖에 없음을 의미한다.

이런 점에서 미국의 쇠퇴, 그리고 미국 주도 세계질서의 위기는 한국 외교의 근간을 흔드는 매우 중대한 변화일 수밖에 없다. 특히 한국에게 중요한 문제는 미중 전략경쟁의 와중에 가해지는 양자택일의 압력이다. 그간 한국은 안미경중, 즉 안보는 미국, 경제는 중국이라는 전략적 모호성, 미중 사이의 줄타기 전략을 취해 왔다. 그러나 이런 전략은 미중갈등이 임계점을 넘을 경우 활용할 수 없다는 문제가 있다. 또 미중 전략경쟁은 당사자들 사이의 복잡한 상호의존성을 내포하고 있기 때문에, 어느 한쪽을 일방적으로 선택하는 전략은 한국의 국익에 부합하지 않는다. 한국이 미중 사이에서 어느 한쪽만을 선택할 경우 오히려 경직된 진영구도가 강화될 위험도 있다. 사드(THAAD) 사태에서 드러나듯, 양자택일의 압력은 안보적 차원에서도 실존적 위협이 될 수밖에 없다.

양자택일을 최대한 유예하는 전략적 모호성이 지속 불가능한 전략이라면, 더 능동적인 전략을 통해 자율성을 제고하고 불필요한 양자택일을 요구받는 상황 자체를 바꿔야 한다. 과거에 비해 한층 높아진 한국의 국력과 위상을 고려했을 때 이는 불가능한 과제가 아니다. 현재 한국은 군비지출 9위, 경제규모 13위, 군사력 5위(GFP 기준)에 위치하고 있고, 종합국력은 여러 평가 기관으로부터 6위권 정도로 평가받고 있다. 비대칭적 동맹에 고유한 방기의 공포가 어울리지 않는 수준의 국력인 것이다.

　이처럼 한국의 국력과 국제적 위상을 고려해 한국 외교를 강대국 경쟁의 하위변수로 두기보다는 전략적 자율성을 제고하고, 능동적인 외교를 추구해야 한다. 또 첨단 산업의 기술력, 남북관계에서의 주도권 등 여러 가지 전략적 레버리지들을 적극적으로 발전시켜 나가야 한다. 방기의 공포를 이유로 한미동맹에 무비판적으로 집착하는 전략은 오히려 외교적 유연성과 대미 협상력을 상실하게 할 위험이 있다.

　한미동맹인가 아닌가, 미국인가 중국인가라는 비생산적인 이분법적 질문에서 벗어나서, 한미동맹의 틀을 전제로 그 속에서 유연성·자율성을 강화하면서 국익을 극대화할 수 있는 방안을 고민해야 한다. 특히 트럼프 2기 행정부 출범 이후 동맹에 대한 전방위적 압박 속에서 미국 편승의 비용이 급증하고 있다. 이런 도전과 위기에 효과적으로 대응해 중장기적 차원에서 한국 외교가 처한 구조적 제약을 완화하고, 전략적 자율성을 바탕으로 국익을 극대화할 수 있는 새로운 구조적 조건을 창출해야 한다. 특히 미국으로부터의 방기의 공포보다는 미국에 대한 연루의 위험이 더 커지고 있는 상황에서 한미관계 재설정을 위한 고민이 절실하다.

(2) 방기의 공포와 연루의 위험을 넘어서,
    한미관계의 전면적 재구조화

비대칭동맹 관계에서 약소국은 보호를 약속받는 대신 안보적 자율성을 상실하는 반면, 강대국은 안보를 제공하는 대가로 영향력을 행사한다. 약소국에게 가장 민감한 고려사항은 동맹관계의 약화로 인한 방기의 공포다. 반면, 강대국은 불필요한 연루의 위험을 경계한다. 비대칭동맹 속의 이런 의존성은 강대국과 약소국의 이익이 일치하지 않거나, 위협인식이 상이할 때 중대한 문제를 야기할 수 있다. 아무리 강한 동맹관계라고 하더라도, 모든 동맹관계에는 이익의 부조화와 불협화음이 존재하기 때문이다.

전형적인 비대칭동맹인 한미동맹도 예외일 수 없다. 일방적인 안보의존성으로 인해 한국은 대체로 미국의 입장을 수용하고 순응할 수밖에 없었고, 많은 경우 한국의 목소리는 반영되지 않았다. 또 한미동맹에 대한 비판적 인식이나 동맹을 조정하고자 하는 시도는 불필요한 이념적 논란과 정치적 역풍을 불러일으키는 경우가 많았다. 그러나 한미동맹은 비판이나 조정이 불가능한 성역이 아니다. 한미동맹은 한국의 외교·안보에서 가장 중요한 자산이지만, 그것 자체가 목표가 아니라 수단임을 명확히 인지해야 한다. 특히 최근 동맹국에 각종 역할과 책임을 전가하고, 자유주의 질서 자체를 공격하고 있는 미국의 행태는 연루의 위험을 급격히 증가시키고 있다.

불량 초강대국으로 지칭되는 미국의 행태, 이로 인한 미국 편승 비용과 위험의 급증은 미국에 절대적으로 의존해 온 한국 외교가 직면한 중대한 도전이다. 방기의 공포로 인해 동맹 내에서 자율성이 극도로 제한됐던 것이 과거의 한국의 상황이었다면, 오히려 현 시점에서 중요한 것은 미중 전략경쟁 격화 속에서 커지고 있는 연루의 위험이다. 한미관계 전환과 재구조화가 반드시 필요한 이유다.

한미관계의 재구조화를 위해 선행돼야 할 작업은 한미관계 속에서 한국의 위치와 기여를 확인하고 점검하는 작업이다. 한국은 중국 견제를 위한 지정학적 요충지이며, 28,500명의 미군이 주둔하고 있는 주요 군사기지이기도 하다. 또 투자, 기술, 군사안보 등에서 다른 어떤 동맹국보다 미국의 요구를 충실하게 수용하면서 미국 대외전략에 기여해 왔다. 한국의 대미 투자액은 2023년 기준 세계 1위를 기록했으며, 한국은 미국과 첨단기술 및 방위산업 협력이 가능한 극소수 국가 중 하나다. 또 한국은 유럽과 일본에 비해 월등히 높은 GDP 대비 국방비 지출 수준을 유지하고 있으며, 매년 1.5조 원의 방위비 분담금을 지출하고 있다. 유능한 동맹으로서 한국의 가치와 기여에 대한 자신감을 바탕으로 한미관계를 재구조화하기에 부족하지 않은 수준이다.

우선, 미국 스스로 자국 중심주의를 강화하고 자유주의 질서를 허물고 있는 상황에서 미중갈등에 불필요하게 연루되기보다는 양자택일의 상황을 회피, 거부하고 한미동맹이 배타적 동맹이 되지 않도록 주도적으로 견인해야 한다. 한국을 고립시킬 수 있는 선별적이고 배타적인 동맹체에 대해서는 신중한 태도를 유지하고, 적이 아니라 동반자를 공유하는 동맹을 지향해야 한다. 한미동맹을 경제, 사회, 과학기술, 에너지 등 전 분야로 강화하고 공동의 이익을 확대하되, 필요에 따라 거래적 접근을 통해 철저한 국익 중심의 동맹 관리 전략을 취해야 한다.

다음으로, 미국과 중국 사이에서 독자적인 외교 공간을 확보하고, 능동적인 역할을 모색해야 한다. 양국의 갈등을 순치시킬 수 있는 중재자 역할을 적극적으로 모색하는 동시에, 미중 사이에서 끼인 국가들이나 이익을 공유하는 국가들과의 관계를 실용적으로 관리해 외교적 자율성과 유연성을 확보해야 한다.

마지막으로 미국의 쇠퇴와 세계질서 재편에 대비한 한미동맹의 장기적 전환도 준비해야 한다. 무엇보다 동맹의 성격과 목표를 명확히 규정할 필요가 있다. 한미동맹의 목표가 한반도에서 북한의 위협을 방어하는 것인지, 동아시아에서 중국의 팽창을 저지하는 것인지, 아니면 궁극적으로 인도-태평양에서 미국의 집단안보체제로 통합을 목표로 하는 것인지 여전히 모호하고 불명확한 부분이 많기 때문이다. 또 세계질서의 불확실성 증대에 대비해 국방능력 강화를 전제로 전시 작전통제권 전환을 추진하고, 미국과 중국에 집중된 한국 경제의 혁신과 성장의 원천을 적극적으로 다변화할 필요가 있다.

4부

미중갈등의 시대, 상생·혁신·공감의 한중관계 확립

1. 중국에게 한반도란 무엇인가?

(1) 중국이 꿈꾸는 다극화된 세계

오늘날 세계질서 변화의 가장 중요한 요인은 미국의 상대적 국력 감소와 중국의 부상이다. 1980년대 중반 전세계 GDP의 1/3을 차지하던 미국 경제의 비중은 이제 1/4로 감소했다. 2020년 미군의 아프가니스탄 철수와 우크라이나, 팔레스타인에서 지속되고 있는 전쟁은 전쟁 억제와 승리를 보장하지 못하는 미국 국방력의 한계를 보여준다. 반면 중국은 GDP 규모에서 미국의 약 70% 수준으로 성장했으며, 세계 최대의 수출국 지위를 유지하고 있다. 중국의 국력 확대는 지역적 차원에서 더욱 뚜렷하다. 현재 중국의 GDP와 국방비는 하와이 서쪽부터 인도에 이르는 지역 전체의 총합과 비슷한 수준이다.

중국은 성장한 국력에 걸맞은 지위를 요구하고 있다. 시진핑이 2012년 집권하자마자 천명한 '중국몽'은 유사 이래 근대 이전까지 항상 최강의 국력을 유지했던 과거 중국의 위상을 회복하겠다는 다짐이었다. 그러나 중국이 당장 미국을 추월하여 세계 최강국이 되려는 것은 아니다. 중국은 미국이 패권국으로서 권력을 휘두르는 단극체제가 이제는 다극화로 전환될 수밖에 없으며, 또한 그렇게 되어야 한다고 주장한다. 유일한 글로벌 초강대국 미국만이 아니라 다수의 강대국이 영향력과 발언권을 가져야만 한다는 것이다. 더 많은 국가의 견해를 국제질서에 반영해야 한다며 중국은 이를 '국제질서의 민주화'라고 부르기도 한다. 이에 따라 중국은 서구 강대국 중심의 G7보다 다양한 대륙의 많은 국가가 포함된 G20을 중시하고, 다수의 비서구 저개발국으로 구성된 이른바 글로벌사우스와의 협력도 강화하고 있다. 또한 일방주의와 보호무역으로 기우는 미국에 대응하여 자유무역을 옹호하고 UN과 같은 국제기구에서 역할을 확대하고자 한다.

국제질서의 다극화는 중국을 자신의 패권을 위협하는 유일한 도전자로 간주하여 억제하려는 미국에 대한 대응 전략이며, 북미·유럽의 서구 선진국과 일본이 주도했던 패권 질서에 대한 변화 요구다. 이는 새롭게 선진 강국으로 도약하려는 우리의 목표와도 부합하는 측면이 있다. 그러나 중국이 주장하는 다극화는 글로벌 차원에서 다수의 역할을 확대하는 '민주화'로 부를 수 있을지 몰라도 지역 차원에서는 지역 패권국의 기득권을 강화하는 논리가 될 수 있다. 실제 중국은 미국에 대항하기 위해 우선 동유라시아와 서태평양에서 자신의 힘을 투사하기 시작했다. 자신들의 세력권에서 미국의 간섭을 축소하고 싶은 러시아, 인도, 브라질, 남아공 등 지역 패권국들과 함께 브릭스를 창설한 것도 유사한 맥락이 있다.

따라서 우리는 미국이 스스로 글로벌 패권으로서의 역할을 축소하고 다극화가 현실화되는 국제질서의 변화를 직시하면서, 중국의 다극화 전략에 명민하게 대처해야 한다. 특히 중국이 한국, 일본 등 미국의 우방이자 민주주의 체제를 갖춘 국가에는 다극화를 언급하지 않고 전술적으로 '다자주의'를 내세운다는 점에 주의해야 한다. 우리 안보가 여전히 한미동맹에 기초하며, 다극화가 중국의 동아시아 패권 강화로 이어질 수 있다는 점에서 다극화와 동의어인 중국의 '다자주의'에 무조건 동의할 수는 없다.

중국이 주장하는 다극화 또는 다자주의와 국제질서의 민주화가 지역 차원에서도 동일하게 적용되어야 한다는 점을 강조해야 한다. 한국, 일본 등 역내 다른 강대국과 아세안을 비롯한 국가들이 동아시아에서 공정한 발언권과 결정권을 가질 수 있도록 연대하고 중국이 강압적인 지역 패권국이 되지 않도록 유도해야 한다. 한반도 문제에 대해서도 기존 강대국만이 아니라, 당사자인 한국을 우선으로 하여 다양한 국가의 참여가 보장되고 보편적인 평화와 비핵화의 원칙이 지켜지도록 해야 한다. 이를 통해 다극화로 전환되는 국제질서의 변화 속에서 미중 패권 경쟁에 휘말리지 않고 한반도의 평화와 비핵화, 자유무역과 공정한 통상질서, 강대국 강권에 대한 반대라는 가치와 목표를 중국을 포함한 다양한 주체와의 협력을 통해 추진해야 한다.

(2) 미중갈등 속 중국과 한반도

중국과 한반도 관계는 수천 년에 걸친 역사적 교감과 함께 갈등과 협력이 복잡하게 얽히면서 발전해 왔다. 20세기 한반도 분단 이후, 중국은 사회주의 이념을 공유하는 북한과 '피로 맺은 혈맹관계'를 구축했으며, 한국과는 1992년 수교 이래 경제적 교류를 확대해 '전략적협력동반자관계'를 형성하고 있다.

중국에게 한반도는 지정학적·지경학적으로 중대한 의미를 지닌다. 해양 세력으로부터의 위협을 차단하는 완충지대 기능을 수행하며, 특히 북한은 미국의 위협을 견제할 수 있는 전략적 자산으로 간주된다. 중국 경제의 성장과 함께 한국은 핵심 무역·산업 파트너로서 그 가치가 증대되고 있으며, 북한 역시 접경지역 개발을 통한 경제적 이익 확대를 도모할 수 있는 대상이다.

따라서 중국의 한반도 정책에서 가장 핵심적인 원칙은 한반도의 평화와 안정 수호다. 중국은 역사적 경험을 통해 한반도의 불안정이나 전쟁 발발이 자국의 안보 및 경제 이익에 직접적인 위협이 된다는 점을 명확히 인식하고 있다. 중국이 한반도에서의 군사적 충돌을 어떤 국가보다도 강력히 반대하는 것도 이 때문이다. 두 번째 원칙은 한반도 비핵화 추진이다. 표면적으로 북핵 문제 해결에 비협조적인 태도를 보이는 경우가 있으나, 중국은 근본적으로 인접 국가의 핵무장을 절대로 용인하지 않는다. 더욱이 북한의 핵 보유가 초래할 수 있는 지역 내 핵 도미노 현상에 대해 우려한다. 세 번째 원칙은 대화와 협상을 통한 문제해결이다. 중국은 군사적 충돌이나 극단적 제재와 같은 강압적 접근방식이 한반도의 불안정을 야기하고 자국의 국경 안보와 경제발전에 부정적 영향을 미칠 것으로 판단하여, 정치적 해결책을 일관되게 강조하고 있다.

무엇보다, 중국에게 한반도 문제는 미중관계의 하위변수다. 특히 미중경쟁이 격화되는 최근 상황은 중국과 한반도 관계를 더욱 미중관계의 프레임 안에 가두게 한다. 미국의 대중 견제 강화는 북한의 완충지대로서의 전략적 가치를 제고시킨다. 사실 북한은 국제사회뿐만 아니라 중국에게도 상당한 부담이다. 북한의 핵·미사일 도발은 한반도의 불안정을 초래했고, 이는 미국의 한반도 전략 자산 배치, 사드 시스템 도입, 한국 내 핵무장론 대두 등 중국이 우려하는 안보 위협으로 이어졌다. 이에 중국도 북한을 통제하기 위해 UN 대북 제재에 적극 동참한 바 있다. 그러나 미중경쟁이 격화되는 현 상황에서 중국에게 북한은 통제보다는 전략적 관리의 대상으로 변화하고 있다. 이러한 맥락에서 최근 북핵·미사일 문제와 대북 제재 이행에 있어 중국의 비협조적 태도가 두드러지고 있다. 그렇다고 북중 혈맹이 완전히 복원된 것은 아니다. 북한이 중국의 의도와 달리 러시아와 동맹 수준의 군사협력을 추진하였고, 북한의 지속적인 군사적 도발은 미국을 중국 앞마당으로 끌어들인다는 점에서 여전히 부담으로 작용한다. 즉, 북한은 중국에게 지속적인 관리가 필요한 '까다로운 자산'이지, 진정한 의미의 전략적 파트너십을 구축할 수 있는 대상은 아닌 것이다.

중국은 한국에 대해서도 영향력 확대를 모색하고 있다. 사드 배치를 둘러싼 갈등으로 양국 관계가 심각하게 손상되었으나, 경제적 파트너로서 한국의 가치는 여전히 유효하다. 더욱이 중국은 한미동맹이 대 중국 포위망으로 편입되는 것을 저지해야 할 필요성을 절감하고 있다. 경제협력의 잠재력, 북한 문제에서의 이해관계 등으로 인해 한국이 일본보다 전략적으로 포섭하기 쉬운 대상이라고 판단할 가능성도 있다. 미국 주도의 동맹 네트워크에서 한국이 상대적으로 약한 고리라는 인식이다. 이러한 중국의 전략적 계산을 잘 이용할 수 있다면, 우리의 레버리지 강화에 도움이 될 수 있을 것이다.

중국과 한반도 관계에 있어 미중갈등이라는 구조적 변수의 영향력은 상당 기간 막강할 것으로 전망된다. 한미동맹을 대외전략의 근간으로 삼고 있는 한국으로서는 구조적 변수의 원심력에 휩쓸리지 않기 위해 전략적 자율성과 구심력을 강화할 필요가 있다. 이러한 맥락에서 미국 일변도 정책의 위험성을 인식하면서도, 중국과의 협력에 있어서도 신중하고 전략적인 접근이 요구된다. 오히려 남북관계 개선이나 북핵 문제 해결을 위한 새로운 이니셔티브가 미중 간 협력의 모멘텀을 제공하여, 구조의 원심력을 약화시킬 수 있는 촉매제 역할을 할 수 있다. 현재의 국제정세는 불확실성이 지배하고 있지만, 트럼프 대통령이 북핵 협상의 재개를 모색한다면, 시진핑 주석 역시 김정은 위원장을 설득하는 데 협조할 가능성이 있다. 만약 북핵 문제 또는 한반도 평화 프로세스를 미중 협력의 공간으로 활용하고자 한다면, 한국 역시 실용적이고 비즈니스적 접근방식으로 북핵·북한 문제에 대응할 필요가 있다. 미중경쟁 속에서 중국과 한반도 관계의 미래는 결국 이러한 전략적 접근에 달려 있기 때문이다.

2. 중국은 상생과 혁신의 동반자가 될 수 있는가?

(1) 한미동맹과 한중전략적협력동반자관계의 조화

한중 양국은 1992년 수교 당시 선린우호협력관계를 맺은 이후 1998년에 21세기협력동반자관계, 2003년에 전면적협력동반자관계를 구축했다. 그리고 2008년 한중관계를 전략적협력동반자관계로 격상시킨 이후 현재까지 이 관계의 실질적 진전과 내실화를 추구해 왔으며, 한국 외교의 중요한 축으로 자리매김해 왔다.

그러나 한국 외교의 근간인 한미동맹과 구조적으로 충돌하는 여러 한계도 드러내 왔다. 한국은 북한의 위협을 억제하기 위해 한미동맹의 중요성을 강조한다. 그러나 중국은 한미동맹을 냉전 시대의 산물로 인식하며, 역내 안보 문제 해결에 부적합하다고 비판한다. 더구나 한미동맹 강화가 미국의 대중 견제 확대로 이어지는 것을 경계한다.

이러한 차이는 미중경쟁 구도가 심화되면서 한국을 미중 사이에서 전략적 선택의 딜레마에 놓이게 만들고 말았다. 사드 배치 논란은 한미동맹(안보)과 한중관계(경제, 외교) 사이의 충돌을 상징적으로 보여주었다. 중국은 사드 배치에 강력히 반발했고, 한국에 대한 경제보복을 단행했다.

미국의 반도체 동맹 등 최근의 대 중국 견제 시도 역시 마찬가지 상황이다. 중국과의 경제적 상호의존성이 높은 한국으로서는 한미동맹과 한중관계 사이에서 여전히 선택의 딜레마에 처할 수밖에 없다. 이는 한국이 경제는 중국과, 안보는 미국과 협력한다는 소위 안미경중 전략이 현실적 한계에 직면했다는 것을 의미한다.

쉽지 않은 현실이지만, 한미동맹을 근간으로 한중 전략적협력동반자관계의 내실화, 성숙화를 이루기 위한 특별한 노력이 필요하다.

첫째, 안미경중만이 답이 아닐 수 있다. 미중 전략경쟁이 전방위로 확대되는 상황에서 안보는 미국, 경제는 중국이라는 공식은 더 이상 유효하지 않을 수 있다. 향후 미중 사이에서 양자택일의 딜레마에 처할 가능성은 더 커질 것이다. 이럴 경우 기존 공식에 의존하기보다는 미국과 중국의 상호 이해가 교차하는 공간 혹은 이슈 영역에서 한국의 전략적 가치를 제고할 필요가 있다. 선택을 강요당하기보다는 한국의 선택이 미중 양국으로부터 중요한 의미를 가지는 상황으로 만들어 나갈 수 있는 전략을 모색해야 한다. 기존 한미동맹 일변도의 대외전략으로부터 탈피해서 새로운 차원의 대외전략을 모색하고, 중국과의 협력 공간도 확대할 필요가 있다.

둘째, 한미동맹이 안보의 주요 축이라는 사실을 부정할 수는 없지만, 중국과의 안보협력도 점차 발전시켜야 한다. 미국에게는 한중 협력의 범위를 사전에 공유하고, 중국에게는 한미동맹의 방어적 성격을 강조해서 불필요한 긴장을 완화시켜야 한다. 사드 배치 당시 중국과의 소통 부재가 초래한 경제보복 사태를 교훈으로 삼고, 안보 문제와 관련해 중국과 더욱 신뢰를 쌓아야 할 것이다. 군사적 신뢰 구축을 위해 고위급 교류 및 대화 정례화, 해상구조, 테러 대응, 보건 등 비전통적 안보 분야에서 실질적 협력을 확대하고, 국제적 차원의 군사협력을 지속적으로 강화할 필요가 있다.

셋째, 형식보다는 지속 가능한 소통에 집중해야 한다. 한중 간에는 다양하고 다층적인 전략대화 채널이 시도됐지만, 정치 외교 갈등 이슈가 발생하면 교류가 전면 중단되는 부정적 경험이 누적돼 왔다. 당연히 정부 차원, 1.5트랙이나 2트랙 등 중국과 소통구조를 다원화하고 정례화시키며 제도화를 추구해야 한다. 그러나 무엇보다 중요한 것은 한중 간 갈등의 부침과 관계없는 지속 가능한 대화이다. 대화체의 체계화, 정례화 그리고 지속적 소통에 방점을 찍고, 장기적 안목에서 양국 간 내재된 간극을 좁히려는 노력이 필요하다. 정권이 교체돼도 지속될 수 있는 갈등·위기 관리 대화채널 만들기에 집중해야 할 것이다.

(2) 한반도 평화와 안정을 위한 한중 협력

30여 년의 한중 협력 관계에서 가장 큰 장애물인 북핵·북한 관련 갈등은 이 문제를 바라보는 양국의 인식 차이에서 비롯된다. 한국은 북한의 핵 개발과 미사일 발사는 실질적 안보 위협이기 때문에 한미동맹, 한미일 군사협력 등을 통해 이를 억제해야 한다고 인식한다. 반면, 중국은 북한의 위협에 대한 한국의 안보 딜레마보다는 북한의 안보 우려와 한미동맹 혹은 한미일 군사협력의 대북 견제가 파생할 수 있는 자국의 안보 딜레마에 더 방점을 둔다. 즉, 한국과 미국은 북한의 비핵화와 군사적 억제에 초점을 맞추지만 중국은 북한의 안정과 체제 유지를 우선시한다. 물론 중국이 북핵 문제 해결을 위해 협력을 하지 않은 것은 아니다. 6자회담에서 적극적 역할을 수행했고, UN 대북 제재에도 참여했으며, 특정 시기에는 북한보다 한국과의 관계를 노골적으로 중시하기도 했다.

그러나 중국의 건설적 역할은 늘 한국의 기대에는 미치지 못했다. 천안함 사건, 연평도 포격, 사드 배치 등 주요 안보 현안에서 중국은 한국의 입장보다는 북한을 옹호하는 선택을 했으며, UN 대북 제재의 성실한 이행에도 소극적 태도를 보였다. 미중갈등이 심화되는 최근 중국의 북한 옹호는 더욱 두드러지고 있다. 북한의 지속적인 미사일 도발에 대해서는 한미동맹의 전략자산 강화에 따른 북한의 안보 우려를 부각시켰고, 심지어 북한 체제의 안정을 위해 UN 대북 제재 완화를 시도하고 있다. 더구나 미국의 대중 봉쇄가 확대되는 상황에서 북한의 완충지대로서의 전략적 가치를 중시하고, 사실상의 핵 보유를 인정해야 한다는 전문가 그룹의 주장까지 나오고 있는 상황이다.

한국이 대 중국 외교에서 가장 공을 들여왔던 부분은 북핵 문제라고 해도 과언이 아니다. 2018-19년 북미대화 실패의 파장으로 이 문제에 대한 한중 양국 간 전략적 소통과 이해가 진전되기는 쉽지 않은 상황이다. 그러나 새 정부가 남북관계 개선과 한반도 평화와 안정에 대한 강한 의지를 보인다면 난맥상의 해결도 전혀 불가능한 일은 아닐 것이다. 중국의 대 한반도 정책의 주요 기조가 한반도의 평화와 안정이라는 점에서 북핵 문제 해결에 있어 여전히 한국과의 기본적 공감대가 존재하기 때문이다. 구체적인 정책 방향, 우선순위, 일정 등에서 간극이 있을 뿐이다.

우선, 남북관계 회복이 중요하다. 남북관계 회복을 위한 북한 설득에 중국의 협조를 구할 수 있을 것이다. 북핵 문제가 점차 복잡하고 어려운 국면에 진입하고 있으나, 대화와 협상을 통한 문제해결을 모색해야 하고, 그 출발로서 남북관계 회복이 가장 우선시될 수밖에 없다. 조속한 시일 내에 남북대화가 개최될 수 있도록 한중 간 보다 긴밀한 소통과 협력이 필요하다.

둘째, 북핵 문제 해결을 위한 한미중 3자 협의체를 적극 추진할 필요가 있다. 미중 갈등이 전방위적으로 확대되는 가운데 북한 문제는 미중 협력의 공간이 될 수 있다. 한국이 이 공간의 플랫폼이 될 수 있도록 노력해야 하며, 궁극적으로는 북한을 대화의 파트너로 끌어들여야 할 것이다.

셋째, 북한발 안보 위협 관리를 위한 한중 간 대화체를 시도할 필요가 있다. 중국이 즉각 수용할 가능성은 작지만, 북한의 도발 확대가 미국의 대 중국 견제의 명분을 제공한다는 점을 중국이 명백히 인지하고 있기 때문에 미중갈등이 고조되면 될수록, 북한발 안보 리스크 관리에 대한 중국의 수요도 높아질 수밖에 없다. 이를 계기로 이 문제에 집중한 한중 대화체를 시도할 수 있을 것이다.

마지막으로 북한 비핵화와 한반도 평화 체제를 위한 한중 공동연구를 강화해야 한다. 한중 간 1.5트랙 교류 활성화와 민간 싱크탱크를 통한 전략적 예측과 실질적 정책 마련이 가능할 것이다.

(3) 경제·산업 협력의 혁신과 고도화

한국과 중국의 경제관계는 수직분업에서 수평분업으로 변화해 왔다. 과거에는 한국이 앞선 분야가 명확했고, 그에 따라 한국 기업이 주도하는 분업 체계가 한국의 투자로 중국에 건설됐다. 한국은 중국에 설립된 이 생산설비에 부품과 소재를 공급하고, 중국 현지의 이윤을 재투자하면서 성장하는 중국의 등에 올라타 그 열매를 같이 누렸다. 그러나 이러한 절대적 비교우위는 점차 사라졌고 이제는 거의 모든 분야에서 역동적이고 상대적인 비교우위만이 작동하고 있다. 이제 중국 기업이 주도하는 분업 체계가 중국의 투자로 한국에 건설되는 사례가 나타나고 있으며, 한국의 산업 자체가 중국에 의해 흡수되고 대체되는 현상마저 발견된다. 이제는 한국과 중국이라는 세계적인 두 산업대국이 서로 대등한 입장에서 역동적인 분업을 상상해 내야 한다.

이러한 변화의 가장 큰 추동력은 중국 산업경쟁력의 급상승이다. 중국의 과학기술 및 산업경쟁력은 이제 임계점을 지나 폭발적으로 성장하고 있으며, 한국을 제치고 미국을 시야에 두고 달려가고 있다. 호주전략정책연구소(ASPI)의 집계에 따르면 중국의 과학기술 경쟁력은 거의 모든 분야에서 미국에 이미 앞서 있다. 이제 그 과학기술 능력이 산업능력으로 전환된다면 중국은 질적으로나 양적으로 세계 최고 제조업 보유국이 될 것이다.

이런 상황은 한국에게는 위기이자 기회이다. 세계 최고 생산 설비가 구축되는 모습을 바로 옆에서 관찰하고 있기 때문이다. 우리가 세계 시장을 염두에 두고 있는 이상, 세계 어딘가에서 막강한 경쟁력을 갖춘 중국 기업을 만날 수밖에 없고, 그들을 바로 옆에서 목격한다는 것은 중요한 기회요인이다. 중국에 발 빠르게 대응할 수 있고 중국을 이용할 수도 있기 때문이다. 그런데 중국이 우리가 가장 잘하던 것을 대체하고 있다는 점은 분명한 위협요인이다. 한국과 중국 모두 세계 수요를 만족시킬 수 있는 산업능력을 보유하고 있기 때문이다.

그렇다면 어떻게 중국을 이용할 것인가?

첫째, 우리가 어느 부문에서 앞서 있는가보다 중국이 무엇을 잘하는가를 물어야 한다. 우리에게 필요한 것을 중국이 잘하고 있다면 과감하게 그것을 중국에게 발주하고 그 다음 단계의 것을 도모할 수 있다. 중국 경쟁력 플러스 알파의 부가가치를 만들어 내려면 일단 중국의 부가가치를 우리의 것으로 채용해야 한다. 중국에서 생산하는 능력이 아니라 중국에서 조달하는 능력이 중요해졌다는 뜻이다. 이미 한국의 대기업들은 중국을 단순 OEM(Original Equipment Manufacturing) 기지에서 한 단계 높은 ODM(Original Design Manufacturing) 기지로 활용하고 있다. 전기차 생산과 같은 부문에서 중국은 완성된 생태계와 비교불가한 가성비를 자랑하고 있다. 이것을 그대로 활용하는 것이 한국이 산업경쟁력 최전방에 서는 길이다.

둘째, 더 나아가 중국이 무엇을 필요로 하는가를 물어야 한다.

중국은 스스로의 소비와 생산을 위해 외국과의 협력을 필요로 할 수 있다. 그 분야에서 중국이 필요로 하는 것을 같이 발견해 가고, 같이 만들어 내는 협업체계를 만드는 것이 중요하다. 이를 위해서는 산-관-학-연에 걸친 전면적인 협력체제가 구축돼야 한다. 기업-정부-대학-연구소가 각자의 카운터파트와 밀접하게 만나고 있어야 한다는 것이다. 중국은 한국과 함께 스스로에게 필요한 것을 개발함으로써 자기들이 갖지 못한 인사이트를 얻을 수 있고, 그 개발의 결과물을 세계시장에 투사시킬 수 있는 더 좋은 기회를 갖게 된다. 한국은 세계에서 가장 큰 중국의 시장에 접근할 수 있고, 작은 혁신도 큰 수익을 내는 규모의 경제를 누릴 수 있을 것이다.

(4) 이웃한 국가 간 필연적 갈등의 극복

중국은 한반도의 인접 국가이기 때문에 한중 사이에는 필연적으로 갈등이 존재할 수밖에 없다. 다양한 이슈들이 있으나 여기서는 대표적으로 해상·공중의 경계, 역사·문화의 정통성 갈등에 관해서 언급하고자 한다.

최근 서해 잠정조치 수역 내 중국의 구조물 설치에 대한 논란이 확대된 바 있다. 정치권에서도 문제제기가 있었고, 혐중 여론이 확대되기도 했다. 이 문제의 본질은 한국의 서해가 중국의 황해와 중첩되며, 아직까지 한중 간 해양경계획정이 합의되지 않았다는 데 있다. 2000년 양국은 한중어업협정을 체결해 서해(황해)에 한중잠정조치수역을 설정하고 공동관리를 하고 있지만,

구조물 설치 논란 외에도 불법 어업, 해양조사 활동, 군사훈련 등으로 인한 갈등이 계속되고 있다. 해상 외에 공중의 중첩도 문제다. 한국과 중국은 공중의 군사 방어 경계선인 방공식별구역(ADIZ)을 설정하고 있지만, 이 구역이 상호 중첩되다 보니 우발적 충돌의 가능성이 커지고 있는 것이 현실이다.

무엇보다 중국의 강대국화가 본격화되면서 해양을 포함한 주변 지역에 대한 영향력을 확대하는 추세가 주변국의 우려를 야기했다. 남중국해, 동중국해 등에서도 중국은 다양한 회색지대 전술을 펼치며 영향력을 확대하고 있으며, 심지어 인공섬을 만들어 영유권 주장의 근거로 활용하고 있다. 이에 중국의 서해 해상·공중의 침범 행위들이 중국의 서해 내해화 전략의 일환이 아니냐는 의구심을 불러일으키고 있다.

한편, 중국의 강대국화는 기존 동북공정으로 대표되는 자국에 유리한 역사 만들기와 문화제국주의의 형태로 확대되는 경향이 있다. 시진핑의 중국은 강대국 정체성을 추구하면서 민족주의와 애국주의를 접목하여 잠재적 제국 의식을 현실화하는 역사 공정을 시행 중이다. 이러한 흐름은 민간에서 한국전쟁에 대한 해석, 김치 및 한복 논쟁 등 문화유산의 소유권·국적 문제의 갈등까지 유발하고 있다. 특히 사드 갈등과 COVID-19 팬데믹으로 양국 교류가 제한된 상황에서 양국 네티즌들이 익명성을 바탕으로 과격한 논쟁을 이어갔다. 그 과정에서 역사·문화 갈등이 증폭됐고, 이성적이고 합리적 태도보다는 민족감정에 호소하는 정서적 접근이 주를 이루면서 상호 감정의 골이 깊어졌다.

물론 두 문제는 서로 다른 이슈의 영역이지만 본질적 측면에서는 유사성을 갖는다. 두 문제 모두 오랜 역사적 근원을 가지고 있으며, 국가정체성 및 국익과 연결돼 해결이 쉽지 않다. 문제해결을 위해 우선 고려할 것은 원칙적이고 당당한 대응이다. 해상·공중 경계 침범에 대해서는 명확하고 일관된 경고 메시지를 발송할 필요가 있다. 우리 해군과 해경에게도 중국의 명백한 권익 침해에 대해 당당하게 맞설 것을 주문해야 한다. 중국의 회색지대 전술에 대해서는 우리도 중국의 행위에 비례한 등가적 조치를 발굴해서 대응해야 할 것이다.

물론 상호 간의 소통과 이해도 중요하다. 우선, 해상·공중 경계 갈등 문제와 관련해서는 기존의 대화체를 지속적으로 잘 활용해야 한다. 한중 양국은 2021년 이래 한중 해양협력대화를 운영하고 있다. 이를 통해 해양경계획정 문제에 대한 지속적 협의를 해야 한다. 군사 대화에서도 방공식별구역 중첩 문제에 대한 협의가 필요하며, 나아가 다차원적·다층적 대화를 통해 우발적 충돌을 미연에 방지해야 할 것이다. 무엇보다 해상·공중 위기를 방지하기 위한 위기관리 기제를 신설하고, 이 기제의 안정적 운용을 약속해야 할 것이다. 동시에 해상과 공중에서 발생할 수 있는 예기치 못한 다양한 상황에 대한 공동연구, 공동위기 관리 시스템을 강화해야 한다. 특히 미중경쟁이 확대되는 상황에서 상호 중첩되는 작전 공간에서의 군사 활동 등에 대한 공동 규범 역시 신속하게 마련하여 상호 오해를 방지해야 할 것이다.

다음으로, 역사·문화 문제는 단기적 국가정책이나 외교협상으로 미봉하기 어려운 측면이 있다. 양국 역사·문화 교류를 지속적으로 확대하고, 이 교류를 거시적 층위뿐 아니라 다양한 영역과 미시적 층위로 분화해야 한다. 이미 역사문제는 우리 정부가 동북아역사재단을 문제해결의 플랫폼으로 활용하고 있는 바, 이를 더욱 강화하고 학술, 민간 교류의 저변을 지속적으로 확대해야 할 것이다. 더구나 중국의 역사 공정은 우리뿐 아니라 다수의 주변국가들에게도 해당되는 문제이기 때문에, 관련국들과의 연대에도 관심을 기울일 필요가 있다. 문화 갈등 문제는 결국 소통이 답이 될 수밖에 없다. 한중 간 다양한 층위의 민간 교류가 확대될 수 있도록 정부의 관심과 지원이 필요하다.

3. 혐중을 넘어 공감을 이룰 수 있을까?

(1) 혐중·혐한을 넘어 공감으로 가는 길

계엄과 탄핵 정국은 한국 사회의 뿌리 깊은 반중 감정을 드러내는 계기가 됐다. 그러나 이는 갑자기 생긴 것도, 한국만의 특수한 현상도 아니다. 중국의 영향력이 확대되면서 전 세계적으로 중국에 대한 감정이 극단적으로 양분되고 있다. 특히 선진 민주주의 국가들에서 반중 감정의 확산은 일반적 현상이다. 중국에 바로 인접한 선진국인 한국의 반중 정서가 특별하다고 볼 수 없는 것이다. 그러나 윤석열의 계엄선포와 탄핵을 둘러싼 논란 속에서 극우 세력과 일부 언론이 중앙선관위 연수원의 중국 간첩 체포설, 화교의 의대 입학 특혜 의혹 등 반지성적, 비이성적 혐중을 확산시키면서 그 정도가 도덕적, 윤리적 임계점을 넘어섰다. 더구나 이들은 초한전, 하이브리드 전쟁, 회색지대 전술 등의 개념으로 극단적 반중을 전략적 사고로 포장하고 있다.

이 과정에서 중국 당국은 오히려 차분하고 절제된 태도를 보였다. 미국과의 전면 경쟁에 직면한 상황에서 과격한 대응이 오히려 우리의 반중 정서를 강화하고 한중관계에 해로울 수 있다는 전략적 판단 때문일 것이다. 그러나 권위주의 국가인 중국이 자국 국민의 감정 표출을 일정 부분 통제할 수 있다고 하더라도 특정한 계기로 한국의 반중 정서와 중국의 민족주의가 충돌할 위험성이 높으며, 중국 정부가 한국 극우 세력의 혐중 논리와 폭력 행위를 우리를 압박하는 수단으로 활용할 수도 있다. 따라서 이에 대한 체계적인 대책이 시급하다.

먼저 사실관계를 왜곡하는 무차별 반중이 한국 외교와 국익을 훼손한다는 점을 분명히 해야 한다. 친중-반중의 이분법은 국민 분열을 야기하고, 근거 없는 반중 논리는 국제사회에서 우리 외교의 정당성을 약화시킨다. 모든 국가들이 사용하는 보편적 전쟁 방식인 초한전, 회색지대 전술 등을 중국만의 특수성으로 과장하는 주장에 대응하여 국익 중심의 전략적 사고와 중국에 대한 객관적 평가가 자리매김할 수 있도록 관련 연구와 활동에 대한 지원을 강화해야 한다.

둘째, 반중 감정에 대한 정확한 분석과 이에 따른 전략적 대응이 필요하다. 반중 감정은 유독 청년층에서 강하다. 대한민국이 민주화된 선진국으로 자리매김한 이후에 태어난 젊은 세대의 높은 민주주의 의식과 체제 우월감이 권위주의 국가인 중국에 대한 강한 반감의 원인으로 분석되곤 한다. 그러나 조사에 따르면, 다른 선진국들은 모두 연령이 낮을수록 반중 감정이 약하다. 불과 십여 년 전까지 중국에 대한 호감이 반감보다 높았다는 사실을 고려하면, 이는 대중 무역의 적자 전환이 보여주듯이 중국으로부터 얻을 수 있는 이익과 기회가 줄었다는 객관적 현실이 반영된 측면도 크다. 또한 계엄과 탄핵 국면에서 괴담 수준의 반중 논리가 확산된 배경에는 COVID-19 팬데믹 시기와 윤석열 정부를 거치면서 한중 교류협력이 수교 이래 가장 크게 축소됐다는 점도 작용했다. 극단적 혐오에 대한 윤리적 교정과 사법적 대처도 필요하지만, 현재의 반중 감정을 뒷받침하는 객관적 현실과 물적 기반에 대한 개선이 시급하다.

셋째, 위와 같은 이유로 상호 비자 조건의 완화 등을 통해 기본적인 인적 교류를 복구하고, 청년층을 대상으로 한 정책에 주목해야 한다. 양국 정부가 함께 청년들을 대상으로 대화와 교류 프로그램을 확대하고 취업 박람회, 스타트업 지원 등을 통해 한중 청년들이 실질적으로 상대국에서 경제적 기회를 찾을 수 있도록 해야 한다. 또한 상호 교류협력의 가장 중요한 미래 자원인 양국 유학생들에 대한 대우를 개선하고 현지 적응을 도우면서, 취업 기회 제공을 확대해야 한다.

넷째, 소위 간첩법 등 관련 법규를 정비함으로써 중국에 대한 국민들의 안보 우려를 일정 정도 해소할 필요도 있다. 이와 함께 차별금지법 등 관련 법률의 제·개정을 통해, 표현의 자유를 보장하면서도 국가의 전략적 이익을 훼손할 정도로 극단적 혐오를 무차별적으로 확산하는 행위에 대해서는 기대 이익을 축소하고 리스크와 비용을 대폭 증가시켜야 한다.

최근 중국은 미중 전략경쟁 하에서 우리를 비롯한 주변국에 대한 태도를 좀 더 유화적으로 변화시키고 있다. 이러한 점을 십분 활용하여 관련 법률 정비, 비자 조건 개선, 유학생 대우 등 관련 정책의 수립과 실행에서 우리 국민이 이를 굴종적 태도나 지나친 양보로 오해하지 않도록 중국과의 협의를 통해 호혜성의 원칙을 최대한 관철하는 것이 무엇보다 중요하다.

(2) 양자관계를 넘어 지역·다자·다주체 협력으로

미중 전략경쟁 고조 속에서 한중관계는 어려운 조건과 과제에 직면하고 있다. 두 초강대국의 대립이 안보와 경제를 가리지 않고 양자택일을 강요하고 있다. 우리는 미국의 패권 약화와 역할 축소가 가져올 변화뿐만 아니라, 지리적으로 인접한 중국이 동아시아에서 지역 패권을 추구하는 것도 경계해야 한다. 국제적 갈등은 우리 사회 내부에서도 친미-친중의 이분법적 논리를 앞세우는 극단주의를 촉발하고 있다.

한중관계를 안정적으로 관리하기 위해서는 양자관계의 개선과 함께 다양한 협력의 틀을 모색해야만 한다. 미국은 물론, 중국과의 관계에서도 양자관계는 비대칭적인 국력 차이가 반영되기 쉽고 우방과 적대국을 구분하는 이분법이 강제될 수 있기 때문이다. 지역 차원의 협력과 다자외교를 통해 패권과 강권의 논리를 완화하고 한국의 선도적 역할과 국익이 보장되는 공간을 확보해야 한다. 패권 경쟁으로 개별 국가들이 자국 중심의 질서를 추구하면서 국제기구가 약화되고 국제규범이 파괴되고 있다. 그러나 급변하는 국제질서에 대응하고 강대국의 일방적 요구를 제약하기 위해서는 국제기구의 역할과 국제규범의 기능이 여전히 중요하다.

구체적으로는 먼저 한중일 정상회의, 역내포괄적경제동반자협정(RCEP)과 같은 기존의 다자협력체를 강화하고 한중일 FTA 협상에서 선도적 역할을 시도해야 한다. 또한 양자 교류에 그치고 있는 한중일 국방안보 협력을 삼자 협의체로 정례화하는 데 적극적으로 나설 필요가 있다. 동북아는 미중 충돌이 가장 첨예한 지역일 뿐만 아니라 북한의 변화로 인한 한반도 문제의 불확실성 증가, 양안 충돌과 타이완 문제의 글로벌화, 삼국 간 영해 갈등 등 역내의 안보 위험도 격화되고 있는 지역이기 때문이다.

특히 중국이 미국에 대응하여 다자주의와 자유무역을 강조하고, 주변국 외교를 개선하려고 시도하고 있다는 점을 적극 활용할 필요가 있다. 일례로 중국의 RCEP 강화 기조에 화답하면서도 우리에게 유리하도록 실질적 개방률 확대, 지식재산권 보장을 제기할 수 있겠다. 또한 중국은 미국의 자국 우선주의에 대응하여 국제기구의 강화와 국제규범의 준수를 강조하면서 수정주의 세력이나 국제질서의 파괴자가 아닌, 기존 질서의 수호자로 인식되기를 원하고 있다. UN, WTO, 국제통화기금(IMF) 등 국제기구에서 입지를 강화하려는 중국의 목표에 일정 정도 호응하면서 동북아와 한중관계에서도 국제규범의 보편적 원칙이 준수되어야 한다는 점을 역설해야 한다. 다만 브릭스 가입, 일대일로 참여처럼 미중 대립의 소재가 될 수 있는 다자협력 확대에는 신중해야 할 것이다.

다음으로 교류협력 주체의 다양화가 필요하다. 지방정부, 시민사회 등의 역할을 강화해 대내외 조건 변화, 한중관계의 일시적 악화에도 대화의 창구와 미래의 기회를 보장하고 기존의 성과를 유지할 수 있도록 해야 한다. 지방정부 차원에서도 수장 교체를 비롯한 국내정치 변화에 영향을 덜 받을 수 있도록 독립적이고 지속적인 지원 체제를 마련해야 한다. 남북협력기금과 같이 지방정부의 지속적 지원을 의무화하는 기금을 조성하거나 중앙정부 예산을 통해 지방정부와 시민사회의 다양한 협력을 지원해야 한다. 한중 FTA 체결의 성과였던 지방경제 협력 시범사업을 2단계 협상 과정에서 국가 수준의 상호협력 기금 조성으로 발전시킬 필요가 있다. 이러한 사례를 성공적으로 안착시킨다면, 한중관계뿐만 아니라 지방 도시외교와 공공외교 전반으로 확장할 수 있을 것이다.

5부

강대국 경쟁의 시대, 한국의 주변국 외교

1. 한일관계 재구축, 어디에서 출발해야 하는가?

(1) 한일 과거사 문제: 무기력한 타협과 무력화된 합의

 1987년 민주화 이후 한국은 현실주의를 넘어 역사 정의와 인권을 외교의 핵심 가치로 삼기 시작했다. 이 과정에서 일본의 전쟁 책임, 식민지배에 대한 사과와 반성은 단순한 외교 현안을 넘어 국가정체성과 외교 전략을 좌우하는 문제로 부상했다. 역사적 부정의(injustice)를 치유하겠다는 정당한 요구에도 불구하고, 과거사 문제 하나로 한일관계 전체를 규정하고 좌우하려는 경향은 양국간 협력의 여지를 좁혔다.
 이런 문제의식 속에서 등장한 것이 바로 '투트랙 접근'이었다. 투트랙 외교는 2005년 노무현 정부에서 공식화된 이후 여러 정부에서 기본적인 방향으로 유지돼 왔다. 그 핵심은 강제징용, 위안부, 역사 왜곡 등 과거사 문제는 정치적·감정적 고비용 사안으로 시간을 두고 원칙적으로 대응하되, 경제·안보 등 실용 분야는 이와 분리해 협력을 지속적으로 추진하자는 것이다. 이는 협력 가능한 영역까지 전체 관계가 마비되는 상황을 방지하고 지속가능한 협력을 구축하기 위한 전략적 선택이었다.
 그러나 트랙의 분리에도 불구하고 중대한 외교적 현안이나 사건의 발생이 다른 분야의 협력 중단으로 전이되는 현상은 자주

나타났다. 2018년 강제동원 관련 대법원판결과 같은 극적인 사건의 발생 혹은 국내 여론의 수용도를 심각하게 넘어서는 일본측의 도발적 행태는 투트랙의 운영을 어렵게 만들었다. 한편, 일본측에서도 한국의 투트랙 접근이 일종의 기만 전술이라며 불만을 나타내는 경우가 많았다. 특히, 강제동원 판결과 관련해서는 일본 정부가 먼저 나서 투트랙 접근을 거부하고 현금화 방지를 협력의 전제 조건으로 삼기도 했다. 이처럼 돌발적인 상황이 거듭되면서 투트랙 외교의 유연성은 급속히 소실됐다.

한편, 윤석열 정부는 과거의 투트랙 접근을 넘어, 과거사 문제, 경제, 안보 등 모든 현안을 동시에 해결하려는 포괄적 논의 방식을 시도했다. 그러나 이는 일본이 강제동원 문제 해결을 협력의 전제 조건으로 내세우는 접근에 막혀, 실질적인 진전을 이루는 데 어려움을 겪었고 사실상 일본의 조건을 대폭 수용하는 양보로 이어졌다.

따라서 한일관계 악화는 단순히 현안 관리나 미래지향적 협력만으로 해결할 수 있는 문제가 아니며, 기존의 포괄적 접근 혹은 투트랙 접근법은 모두 구조적 한계를 안고 있기에 새로운 방식의 협력 모델을 필요로 한다. 두 나라 국민 정체성 간의 간극을 인식하고 장기적으로 세심한 조율을 해 나가기 위해서는 한일관계를 감정·현실·가치의 삼층 구조로 재설계하고, 이를 3트랙·3모듈 전략으로 구체화함으로써 파편적 관계 복원을 넘는 지속 가능한 협력 기반을 모색해야 한다.

(2) 3트랙을 통한 한일관계 주도

터키 출신의 과거사 관련 전문가인 보그도나스(A. Bagdonas)는 '외교적 사과'와 '역사적 사과'를 구분해 설명하고 있다. 외교적 사과가 주권 국가 간의 긴장을 완화하는 의례적 기능을 하는 것이라면 역사적 사과는 자신의 국가정체성과 국가의 자기서사를 수정하고 피해자의 집단적 기억과 고통을 포용하는 동적인 과정을 수반하는 것이다. 이러한 구분은 한일관계에도 큰 의미를 부여한다. 한국은 일본에 대해 반복적으로 진정성 있는 사과를 요구했지만, 그 사과는 역사적 사과가 아닌 외교적 사과에 불과한 경우가 많았다. 결국 외교적, 일시적 타협이 반복됐고, 이는 일본 대중과의 인식 괴리를 심화시켰다. 일본 사회에서는 역사문제에 대한 피로감이 커지고, 사죄 자체를 국가정체성을 위협하는 것으로 간주하는 분위기가 확산됐다.

요나하 준(與那覇 潤)은 『헤이세이사』에서 "일본은 역사를 잊어버렸고, 한국은 역사에 과잉되어 살아간다"고 지적했다. 이처럼 양국은 마치 서로 다른 시대를 살아가는 것처럼, 전혀 다른 도덕적 기반 위에 서 있다. 이런 상황을 극복하기 위해서는 과거사 문제와 실용 협력을 이분법적으로 나누는 투트랙 접근을 넘어, 3트랙에 기반한 더 정교한 구조를 설계해야 한다.

첫 번째 트랙은 '위기관리' 트랙이다. 과거사 이슈를 포함해 최소한의 수준에서 일본과 협의를 진행하고, 합의의 이행 여부를 점검하며, 책임 있는 태도를 요구하는 관리 전략을 뜻한다.

두 번째 트랙은 '실용 협력' 트랙이다. 경제, 산업, 안보 등 국익과 직결되는 분야에서는 정치 갈등과 분리된 실용 중심 협력을 추구해야 한다. 전략적 융통성을 확보하여 특히, 반도체, 배터리, 수소경제, 해양안보 등 전략적 이해가 일치하는 분야를 중심으로 협력을 강화해 나가야 한다.

세 번째 트랙은 '장기적 규범' 트랙이다. 과거사 문제를 한일 간 국지적 갈등이나 외교적 타협의 사안으로 좁히지 않을 필요가 있고, 이를 국제 규범화하여 국제사회와의 연대를 통해 일본에 대한 간접적 압박을 강화하는 전략을 구사할 필요가 있다. 세 번째 트랙은 과거사 문제를 국제 인권규범, 평화 가치, 보편적 정의라는 틀로 확장하여 국제사회의 공감과 견인을 이끌어내는 전략적 채널이다. 인권 및 국제규범에 관해 UN인권이사회(UNHRC), 유네스코 같은 권위 있는 국제기구와 협력해, 일본이 과거사 문제를 회피할 수 없는 규범적 환경을 조성할 필요가 있다.

홀로코스트, 집단학살, 노예제도 등에 대한 사과의 사례에서 알 수 있듯이 권위 있는 제3자를 통한 압박은 자기 성찰을 추동할 수 있는 기회가 된다. 이러한 점에서 한국 혹은 중국이 직접 일본을 비판하는 것이 아니라, 국제기구나 국제사회가 보편적 규범 차원에서 지속적으로 이를 제기하는 방식이 필요하다. 이를 통해 민족주의적인 방식으로 역사문제를 정쟁화하거나 과거사 문제에 대한 과도한 비난을 통해 상호 신뢰가 저해되는 현상 역시 방지할 수 있을 것이다.

(3) 3모듈을 통한 실용적 경제·안보 협력 기반 확충

두 번째 트랙인 실용 협력 트랙에서는 실질적 협력을 이어 나가는 방안들이 논의될 것이다. 한국과 일본은 경제, 에너지, 안보 등 다양한 분야에서 상호보완적인 이익을 공유하고 있으며, 이러한 구조적 상호의존은 양국 관계를 실용적으로 재구성할 수 있는 기반이 된다. 특히 글로벌 공급망 복원, 반도체·배터리·수소 등 미래 첨단산업 협력, 기후위기에 대한 공동 대응, 해양안보에 대한 공동 대응 등은 양국이 전략적으로 함께 풀어나가야 할 과제들이다. 이러한 영역은 경쟁보다 협력이 훨씬 더 효율적이며, 국제사회에서의 정책 조율에도 긍정적 파급 효과를 낳는다. 특히 트럼프 2기 행정부 출범 이후 불확실성이 커지는 상황에서, 양국은 규칙 기반 국제질서의 공동 수호자로서 역할을 분담하여 협력할 필요가 있다. 한일 양국 간 협력은 경제·기술, 문화교류·공공외교, 안보 등 분야별 특성을 반영하여 모듈화하고, 이를 병렬적·비정치화된 구조로 추진해야 한다. 이러한 3트랙·3모듈 체계는 정치적 변화에 흔들리지 않는 지속 가능하고 유연한 외교 기반을 마련하는 데 유리하다. 각 모듈은 고유한 협력 채널과 실행 주체를 확보함으로써 상호보완성과 독립성을 동시에 담보할 수 있다.

첫 번째 모듈인 경제·기술 협력 모듈을 보자면 반도체, 배터리, 희귀광물 등 첨단 전략산업 공급망 복원이 양국 모두에게 시급한 과제이며, 일본의 소재 기술과 한국의 제조 역량은 상호보완적 구조에 있다. 디지털 전환 과정에서 양국은 인공지능,

빅데이터, 양자기술 등 신산업 분야에 대해 공동 프로젝트를 추진할 수 있으며, 규제 정합성과 기술 표준 협력도 가능하다. 기후 위기 대응과 에너지 전환 분야에서도 수소 경제, 탄소중립 기술 협력 등을 통해 시너지 효과를 창출할 수 있다. 특히 탄소중립 규범은 공급망 재편의 전략 수단으로 활용될 수 있어, 이에 대한 공동 대응이 필요하다. 나아가 디지털 전환, 인공지능, 바이오 헬스 등 4차 산업혁명 관련 분야에서도 양국의 산업 기반과 인적 역량은 상호보완적으로 작용할 수 있다.

두 번째 모듈인 문화교류·공공외교 모듈은 장기적 차원에서 한일 양국 간의 신뢰 회복과 감정 완화에 기여할 수 있을 것이다. 외교적 갈등과 정치적 대립이 반복되는 가운데에서도, 시민사회와 문화 영역은 지속 가능한 관계를 복원할 수 있는 여지를 가장 많이 제공하는 공간이다. 특히 미래 세대 간 상호 이해와 공감 형성은 장기적 관점에서 한일관계의 안정성과 지속성을 뒷받침하는 기반이 된다. 이 모듈에서는 청소년 및 대학생 교류 프로그램, 청년 포럼, 공동 역사 대화 프로젝트, 언론인 교류, 공동 다큐멘터리 제작과 같은 쌍방향 공공외교 플랫폼을 제도화할 필요가 있다. 더불어, K-콘텐츠와 일본 문화 콘텐츠의 상호 교류, 스포츠와 예술을 통한 민간 교류 확대, 상호 관광 진흥 협력 등을 통해 감정적 거리감을 좁히는 실천적 접근이 요구된다. 또한, 역사문제를 일방적으로 비판하기보다, 공동의 역사적 성찰과 공감의 장으로 전환할 수 있는 민간 차원의 '기억 협력'(memory cooperation) 역시 중요하다. 이를 통해 양국 시민 간의 갈등 프레임을 완화하고, 정치·외교 영역에서 형성된 불신의 구조를 사회문화 차원에서 단계적으로 해소할 수 있을 것이다.

세 번째 모듈인 안보 모듈에는 경제나 기후 모듈에 비해 여러 가지 민감한 이슈들이 존재한다. 특히 일본이 미일동맹의 수동적인 파트너를 넘어 인도-태평양 지역의 규범 설정자로서 적극적인 역할을 하고자 시도하면서 한일 간 안보적 긴장의 측면이 다시금 확인되는 양상도 나타나고 있다. 최근 일본이 타이완을 포함한 동아시아 일대를 하나의 전구로 묶어 단일 전시 작전체제에 두는 방안을 제안한 것이 대표적 사례다. 한국은 일본의 과도한 역할 확장을 경계하면서 주도적인 역할을 확보하고자 노력하는 동시에, 필요한 사항에서는 선택적인 협력을 유지할 필요가 있다. 해양 안보와 항행의 자유 보장이나 사이버 및 우주 안보, 데이터 공유 등 영역에서 협력 방안을 찾아나갈 수 있을 것이다.

(4) 감정-현실-가치가 공존하는 외교 구조의 필요성

한일관계를 둘러싼 외교는 감정, 현실, 가치라는 세 요소가 복합적으로 작용하는 영역이다. 한일 간 실질 협력은 과거사를 회피하거나 부정하는 것이 아니라, 감정(정체성)과 실익(전략)의 이슈를 분리 관리하면서, 갈등과 협력의 이중 구조를 제도적으로 조정하려는 외교적 시도다. 이는 역사문제에 있어 규범적 입장을 견지하면서도, 동아시아 질서 재편에 능동적으로 대응하기 위한 현실주의적 설계이기도 하다. 과거사 문제는 감정과 정체성의 문제이며, 경제·안보 협력은 현실과 전략의 문제이고, 인권과 역사 정의는 보편적 가치의 문제다. 이 세 가지가 충돌하거나 단절되지 않고, 조화롭게 공존할 수 있도록 설계된 외교 구조가 필요하다. 3트랙 전략은 이런 복합성을 제도적으로 수용할 수 있는 틀이다. 감정을 관리하는 외교, 현실을 조율하는 외교, 가치를 확산하는 외교가 각각 독립성과 자율성을 가지면서도 상호 연계될 수 있도록 균형을 맞추는 것이 중요하다.

또한, 과거사 문제를 국제규범화하고, 국제기구와 국제사회에 호소하는 전략이 필수적이다. 미국은 제2차 세계대전 이후 국제질서를 부정하지 않는 한도 내에서 일본을 동맹국으로 관리하지만, 과거사 문제에 깊이 개입하지는 않는다. 따라서 과거사 문제를 직접 미일 관계의 의제로 삼기보다는 UNHRC, 유네스코 등을 통한 간접적 압박과 규범적 견인이 효과적이다. 에블린 고(E. Goh)가 지적했듯이, 동아시아 질서는 강제력이 아니라 규범과 국제적 권위에 의해 유지되고 있다. 일본에 대한 외교 전략도 이러한 질서 유지 메커니즘을 활용해야 한다. 일본이 국제사회의 체면 압력 속에서 최소한의 책임 의식을 자각하도록 만드는 외교 설계가 필요하다.

지금 필요한 것은 과거로의 회귀가 아니라, 구조의 재설계다. 과거사 문제는 원칙적으로 대응하고, 실용적 협력은 전략적으로 추진하며, 가치외교는 국제사회와의 연대 속에서 확장해야 한다. 3트랙·3모듈 전략은 한일관계를 입체적이고 지속 가능하게 관리할 수 있는 현실적 해법이다. 한일관계는 사건에 반응하는 외교가 아니라, 구조를 주도하는 외교로 전환되어야 한다. 과거의 감정과 미래의 국익, 그리고 보편적 가치가 조화를 이루는 새로운 외교 모델이 필요하다.

2. 러시아, 한반도의 안정을 위한 동반자가 될 수 있는가?

(1) 전략적협력동반자관계 복원을 통한 한러관계 제도화

한러관계는 2008년 전략적협력동반자관계로 격상된 이후 안정적 발전을 도모해 왔으나, 2022년 러시아-우크라이나 전쟁 이후 국제사회의 제재에 대한 입장 차이, 전략적 소통의 부재로 인해 신뢰가 약화되기 시작했다. 그러나 트럼프 행정부 2기의 출범과 미국 리더십 약화, 세계 질서의 다극화 속에서 외교적 공간을 확장하는 것이 주요 중견국인 한국에게 더욱 중요해졌다. 여기에서 중요한 것이 한러관계 복원이다. 특히 북핵 문제, 한반도 평화체제 구축, 에너지 안보 등 핵심 이슈 해결을 위해 러시아와의 전략적 소통이 다시 요구되고 있으며, 이를 위해 양국 간 관계의 제도적 기반을 복원하는 것이 중요하다.

이에 새 정부는 한러 간 전략적협력동반자관계 복원을 공식적으로 제안하고, 이를 구체화하기 위한 3대 실천 방안을 추진해

야 한다.

첫째, 고위급 전략대화를 재개하여 양국 간 정치적 신뢰를 회복해야 한다. 이를 위해 연례 정상회담 및 외교·국방(2+2) 차원의 정례 협의체를 설치하고, 한러 전략대화를 공식적으로 복원할 필요가 있다. 한러 전략대화는 외교부 차관급을 중심으로 양국의 외교·안보 현안을 포괄적으로 논의하는 협의체로, 과거에는 양국 간 신뢰 형성 및 외교정책 조율에 중요한 역할을 했다. 향후 전략대화에서는 한반도 비핵화 및 평화체제 구축 방안, 에너지·물류·과학기술 협력 강화, 글로벌 이슈에서의 공조 가능성 등을 주요 의제로 설정해야 한다. 아울러 전략대화를 통해 정상급, 외교장관급, 국방장관급 교류도 체계적으로 연계·확대함으로써, 단순 대화 수준을 넘어 실질적인 정책 연계 및 공동 대응체계를 구축하는 것을 목표로 해야 한다.

둘째, 러우전쟁 이후 러시아 전후 복구 사업 참여를 통해 실질적 협력 기반을 확장할 필요가 있다. 전쟁의 장기화로 인해 서방과의 관계가 심각하게 단절되면서, 러시아는 전후 복구와 경제 재건을 위한 새로운 파트너를 필요로 하고 있다. 한국은 정치적 중립성과 실용적 접근을 바탕으로, 인프라 복구, 에너지·물류망 재건, 주거·산업단지 개발 등 전후 복구 사업에 선별적으로 참여하는 방안을 검토할 필요가 있다. 이를 위해 한국 정부는 러시아 측과 한러 전후 복구협력협의체를 설치하고, 복구 사업 대상 지역과 분야를 사전 조율하는 한편, 국제사회의 대러 제재 체계와의 정합성을 면밀히 고려하여 참여 범위를 조정할 수 있을 것이다.

셋째, 북핵 문제 및 한반도 평화체제 구축 관련 공동 협력 메커니즘을 설계해야 한다. 특히 UN 등 국제기구에서의 공동 대응을 통해 북미대화 재개, 제재 완화 조율 등 실질적 성과를 도출하는 방향으로 협력 수준을 제고할 필요가 있다. 북핵 문제 해결 및 한반도 평화체제 구축을 위한 한러 평화협력 이니셔티브 등의 양자 대화 메커니즘을 구축하고, 이를 매개로 다자적 해법 강화를 모색해 볼 수도 있을 것이다.

한러 간 전략적협력동반자관계 복원은 한국이 국제사회에서 다자외교를 주도하는 중견국으로서 위상을 강화하는 데 기여하게 될 것이다. 또한, 러시아와의 신뢰 회복을 통해 북핵 문제 해결과 한반도 평화체제 구축을 위한 외교적 지렛대를 확보할 수 있으며, 에너지·물류 분야에서 새로운 성장 동력을 창출함으로써 글로벌 경제질서 변화에 능동적으로 대응하는 기반을 마련할 수 있다. 나아가, 제도화된 한러 협력체계는 중장기적으로 동북아 지역의 안정을 촉진하고, 한국 외교의 전략적 자율성을 확장하는 데 중요한 역할을 할 것으로 기대된다.

(2) 세계 경제질서 변화에 대응하는 새로운 성장 동력 확보

2020년대 중반에 접어들며 세계 경제질서는 미중 전략경쟁, 러우전쟁, 글로벌 공급망 재편 등 복합적 요인에 의해 급변하고 있다. 특히 무역분쟁 확대, 기술 패권 경쟁, 에너지 공급망의 지각변동은 한국 경제에도 구조적 도전을 가하고 있다. 동시에 글로벌 공급망이 다극적, 지역 분산형 구조로 전환되면서, 새로운

경제성장 동력을 발굴할 필요성이 더욱 커졌다. 이러한 흐름 속에서 러시아는 천연자원, 기후변화, 첨단 과학기술 분야에서 중요한 협력 대상이 될 수 있으며, 러시아와의 전략적 경제협력은 한국이 변화하는 세계 경제질서에 능동적으로 대응하는 중요한 수단이 될 수 있다.

따라서 한국은 러시아와의 협력을 통해 새로운 성장 동력을 확보하기 위해 세 가지 전략을 추진할 필요가 있다.

첫째, 에너지 및 자원 분야에서 안정적 공급망 구축을 가속화해야 한다. 이를 위해 러시아 극동지역과 북극권을 중심으로 에너지 및 광물 자원의 안정적 확보를 위한 전략을 확대해야 한다. 에너지 분야에서는 '사할린-1' 및 '사할린-2' 프로젝트를 중심으로 액화천연가스(LNG) 확보를 지속하고, 러시아 북극권(야말 프로젝트, Arctic LNG 2 등)의 신규 LNG 프로젝트 참여를 검토해야 한다. 또한, 블라디보스토크 수소 허브 프로젝트를 위시해 러시아가 전략적으로 육성 중인 수소에너지 개발사업에 한국 기업이 초기부터 참여하여 수소 공급망을 다변화할 필요가 있다. 자원 분야에서는 니켈, 코발트, 희토류 등 2차 전지 및 첨단산업 필수 광물 확보를 위해 러시아 광산 개발 프로젝트에 투자하고, 전략 광물 장기 공급계약을 체결해야 한다. 특히 러시아 극동지역(하바롭스크, 아무르 지역)과 시베리아 일대의 광물 개발 프로젝트를 중심으로 에너지 공기업(한국가스공사, 한국광물자원공사)과 민간기업(포스코퓨처엠, 에코프로 등)의 공동 투자 컨소시엄 구성을 추진할 수 있다.

둘째, 기후변화 대응을 위한 산업 협력을 강화해야 한다. 한국은 러시아와의 협력을 통해 탄소중립 산업 생태계를 조성하고,

새로운 친환경 산업 분야에서 선제적 주도권을 확보해야 한다. 우선, 수소경제 협력을 강화하여 청정수소 생산·저장·운송 분야의 공동 프로젝트를 추진할 수 있다. 러시아는 풍부한 천연가스 및 수력자원을 활용해 수소 생산이 가능하고, 한국은 이를 활용한 '그린수소' 및 '블루수소' 수입 거점을 확보할 수 있다. 또한, 탄소포집·저장 분야에서 한러 공동 실증사업을 추진하고, 극동 및 시베리아 지역의 탄소흡수원 개발(삼림 복원사업)에도 협력할 수 있다. 아울러, 기후기술(climate tech) 분야에서도 협력을 확대해, 에너지 효율 기술, 극지 환경 모니터링 시스템, 친환경 항만 및 물류 인프라 구축 등에 공동 연구개발을 추진할 수 있다. 이를 위해 한러 간 '기후변화 대응 산업협력 양해각서' 체결 및 공동 펀드 조성 등을 구체적으로 추진할 필요가 있다.

셋째, 과학기술 분야에서 전략적 협력 파트너십을 강화할 필요가 있다. 러시아는 우주, 원자력, 극지기술, 인공지능 등 전략 분야에서 여전히 경쟁력을 보유하고 있으며, 한국은 이들 분야에서 공동 연구개발 프로그램, 인재교류 확대, 스타트업 공동혁신펀드 조성 등을 통해 미래 산업 경쟁력을 높여야 한다.

러시아와의 전략적 경제협력 강화는 한국이 글로벌 공급망 재편과 에너지 전환 시대를 선도하는 데 중요한 발판이 될 수 있다. 특히 에너지, 기후변화, 과학기술 분야에서 새로운 성장 동력을 확보함으로써, 한국 경제는 특정 지역이나 국가에 대한 과도한 의존을 완화하고, 위기에 강한 다변화된 경제구조를 구축할 수 있다. 또한 유라시아 경제권 연결은 한국의 경제영토를 확장하고, 글로벌 경쟁력 제고에 크게 기여할 것으로 기대된다.

(3) 북극항로 중심의 유라시아 물류망 참여

기후변화로 인해 북극 해빙이 가속화되면서, 북극항로는 새로운 글로벌 해상 물류 경로로 주목받고 있다. 북극항로는 기존 수에즈 운하를 경유하는 항로 대비 운송거리를 약 30-40% 단축할 수 있어 물류비용 절감과 시간 효율성 측면에서 높은 전략적 가치를 지닌다. 러시아는 북극항로 개발을 국가전략의 핵심으로 삼고 대규모 인프라 투자를 진행하고 있으며, 북극항로를 활용한 에너지 수출과 유라시아 경제 연계를 적극 추진하고 있다. 이러한 흐름 속에서 한국은 글로벌 물류체계 변화에 선제적으로 대응하고, 북극항로를 중심으로 유라시아 물류망에 참여함으로써 경제영토를 확장할 수 있는 중요한 기회를 맞이하고 있다.

이에 한국은 북극항로를 활용한 유라시아 물류망 참여를 위해 세 가지 전략을 추진할 수 있을 것이다.

첫째, 북극항로 기반의 다자간 협력체(한러-북극권 국가 물류협의체)를 구축할 수 있다. 한국은 러시아, 노르웨이, 핀란드 등 북극권 국가들과 협력하여 해운, 항만, 보험, 해상안전 분야의 규범을 공동으로 마련하고, 안정적 물류망 운영 기반을 확보해야 한다.

둘째, 북극항로 관련 핵심 인프라 개발 사업에 선제적으로 참여해야 한다. 한국은 북극항로를 안정적이고 지속가능하게 활용하기 위해, 러시아 북극권 지역의 주요 항만 및 물류망 건설, 쇄빙선 개발 사업에 선제적으로 참여해야 한다. 우선, 러시아가 중점 개발 중인 무르만스크항만 현대화 사업, 사베타 항만 확장

프로젝트, 북극 서부항로를 연결하는 벨리카야 자톤 항만 개발 사업에 대한 투자 및 공동운영 참여를 검토할 필요가 있다. 또한, 북극항로 전용 쇄빙 화물선(Arc7급 쇄빙선) 건조 사업에도 한국 조선업계가 적극 참여하여, 극지형 친환경 선박 개발과 생산 역량을 강화할 수 있다. 특히, 쇄빙 LNG선, 쇄빙 컨테이너선, 쇄빙 연료보급선 등 다양한 선종 개발에 참여해, 러시아 및 북극항로 이용 국가들과의 해상물류 협력 범위를 확대할 수 있다. 더불어, 부산항을 북극항로 환승 거점으로 육성하기 위해 북극항로-부산항 직항 개설 및 북극 물류 전용 터미널 구축 프로젝트를 추진할 수 있다. 이를 위해 부산항만공사와 북극권 항만 운영기관 간 업무협약을 체결하고, 물류 네트워크 공동운영 방안을 마련해야 한다.

셋째, 극지 물류·환경 대응 기술을 강화할 필요가 있다. 북극항로의 안정적 이용과 지속가능한 개발을 위해서는 극지 특수환경에 대응할 수 있는 고도화된 물류·환경 기술이 필수적이다. 한국은 이를 위해 세 가지 분야에서 기술 역량을 집중적으로 강화해야 한다. 첫째, 극지 해상운송 안전기술을 고도화해야 한다. 쇄빙항해 안전성을 높이기 위해 극지 전용 선박 설계 기술(극저온 내구성, 강화 선체 구조, 빙충격 분석)과 극지항로 운항 최적화 솔루션(빙군 예측, 최적 항로 탐색 소프트웨어) 개발을 추진해야 한다. 둘째, 극지형 친환경 운항 기술을 개발해야 한다. 북극 해양환경 보호를 위해, LNG 추진 쇄빙선, 메탄올·암모니아 기반 차세대 연료 선박, 친환경 방오도료 개발 등 탄소 저감형 극지 선박 기술 연구를 확대해야 한다. 셋째, 북극 환경 모니터링 및 데이터 기반

대응 체계를 구축해야 한다. 위성·드론 기반 북극 해빙 감시 시스템, 극지 생태계 변화 모니터링 네트워크, 북극 기후 리스크 대응 데이터 플랫폼 구축을 통해, 북극항로 운영의 안전성과 지속가능성을 과학적으로 지원할 수 있다.

북극항로를 활용한 유라시아 물류망 참여는 한국이 동북아를 넘어 유럽·북극권까지 경제활동 범위를 확장하는 계기가 될 것이다. 물류비 절감과 운송시간 단축을 통해 한국 수출기업의 경쟁력을 높일 수 있으며, 부산항 등 국내 항만의 글로벌 물류 허브 기능도 대폭 강화될 것으로 기대된다. 나아가 극지 대응 기술 개발과 다자 협력을 통해 북극지역의 지속가능한 이용과 보호를 선도하는 국가로서 한국의 국제 위상을 제고하는 효과도 기대할 수 있다.

(4) 한반도 평화체제를 위한 러시아의 범유라시아파트너십 활용 방안

러시아는 2015년 이후 서방과의 대립 심화에 대응하여 범유라시아파트너십(GEP) 구상을 본격화하고 있다. GEP는 유라시아경제연합(EAEU)을 중심으로, 중국의 일대일로 구상, 아세안 국가, 인도, 이란 등을 포괄하는 광역 경제·안보 협력 플랫폼을 구축하려는 전략이다. 이는 단순한 경제통합을 넘어, 서방 중심 질서에 대한 대항축을 형성하려는 지정학적 성격을 띠고 있으며, 러시아는 이를 통해 유라시아 내 주도적 영향력을 강화하고자 한다. 한국은 이 같은 GEP 구상에 선별적이고 전략적으로 접근함으로써, 한반도 평화체제 구축에 필요한 새로운 외교·경제적

공간을 열 수 있다. 특히, 대북 제재 하에서도 실질적 남북 경제협력 가능성을 모색하고, 동북아 다자안보 협력 기반을 마련하는 데 활용할 수 있을 것이다.

이에 한국은 러시아의 GEP 구상을 한반도 평화체제 구축과 연계하기 위해 다음과 같은 전략을 추진할 수 있을 것이다.

첫째, GEP 내 경제협력 플랫폼을 활용하여 남북러 3각 협력 사업을 재구성할 필요가 있다. 특히, 남북러 가스관 연계사업, 시베리아횡단철도(TSR)-한반도종단철도(TKR) 연결사업 등 기존 구상을 GEP 틀 안에서 재추진함으로써, 북핵 문제 해결 진전에 따라 단계적 경제협력을 실현할 수 있도록 기반을 마련해야 한다.

둘째, GEP 참가국 간 다자안보대화 채널을 통해 한반도 안보환경 개선을 유도해야 한다. 한국은 GEP 구상의 다자협력 성격을 활용해 한반도 안보환경을 안정시키기 위한 새로운 다자안보대화 채널을 구축해야 한다. 이를 위해 GEP 참가국인 러시아, 중국, 인도, 중앙아시아 국가, 아세안 주요국을 포괄하는 안보 대화체의 창설도 제안할 수 있을 것이다. 이는 한반도 비핵화와 평화체제 구축, 군사적 신뢰구축 조치, 경제·에너지·인프라 협력 연계, 제재 완화 조건 논의 등을 포괄적 의제로 다루는 틀이 될 수 있다. 이러한 다자안보대화 채널은 북미 간 교착 상황을 완화하고, 한반도 문제를 보다 광범위한 유라시아 지역협력 의제로 통합함으로써, 평화체제 구축을 위한 외교적 기반을 다지는 데 기여할 것이다.

셋째, 한국은 GEP의 지속가능발전(SDGs) 및 기후변화 대응 이니셔티브에 적극 참여함으로써, 북한이 국제경제 협력에 부분적으로 참여할 수 있는 간접 채널을 마련할 필요가 있다. 구체적으로는 에너지 전환, 농업 현대화, 산림 복원, 보건·위생 개선 등 인도적 개발협력 성격이 강한 분야를 중심으로 남북러 공동 프로젝트를 기획할 수 있다. 예를 들어, 북한 지역 내 산림녹화 사업, 신재생에너지 보급 사업, 농업 생산성 향상 프로그램(관개시설 현대화, 스마트 농업 시범단지 조성) 등을 러시아 및 GEP 참가국들과 공동으로 추진할 수 있다.

한국이 GEP를 전략적으로 활용할 경우, 한반도 평화체제 구축 과정에서 다자적 외교공간을 확대하고, 남북 간 실질협력 가능성을 점진적으로 복원할 수 있을 것이다. 또한, 북핵 문제를 기존 미중 중심 구도에서 다자적 틀로 전환함으로써 외교적 레버리지를 강화할 수 있으며, 러시아 및 유라시아 지역 국가들과의 협력을 통해 한국 외교의 전략적 자율성과 지역 내 영향력을 높이는 데 기여할 것으로 기대된다.

3. 한미일 vs. 북중러 진영구도, 편승할 것인가? 타파할 것인가?

(1) 진영구도의 위험성

미국과 중국의 대립이 격화하면서 국제질서를 과거 미소 양극 체제와 유사하게 보는 신냉전 담론이 확산하고 있다. 미국의 국력 약화와 역할 축소, 국제질서의 다극화 추세에 따라 미국과 중국을 중심으로 진영이 둘로 나뉠 수밖에 없으며, 결국 어느 한쪽을 선택해야만 한다는 것이다. 윤석열 정부가 그러했듯이, 한미동맹에 기반한 안보 구조로 인해 신냉전의 진영 논리는 미국과 그 동맹 체제에 대한 무조건적 편승이라는 결론에 이르기 쉽다. 그러나 반중·친미의 일방적 편향은 한국을 미중 충돌에 깊이 연루시킴으로써 국익을 훼손하고 안보를 흔들 수밖에 없다. 더구나 미국과 중국의 힘이 마주치는 접점이자 두 강대국의 최우방국이 분단된 상대로 대치하는 한반도는 손쉽게 대리전의 전장이나 힘의 분출구가 될 수 있다.

한국이 우려해야 할 것은 미중의 대립과 충돌뿐만이 아니다. 2차 대전 이후 수립된 얄타체제는 강대국들의 합의를 통해 비강대국을 협상과 거래의 대상으로 삼아 진영으로 재편성한 것이었다. 이를 통해 강대국들은 열전이 아닌 냉전의 평화를 향유할 수 있었지만, 협상과 거래의 대상이 된 국가들은 한국전쟁과 분단처럼 전쟁과 분쟁에 직접적으로 휩싸이곤 했다. 냉전기 미국과 소련이 그랬듯이 신냉전 구도에서도 미국과 중국이 직접 충돌하기보다는 타협을 통해 새로운 얄타체제를 형성할 수 있는 것이다. 현 시기의 혼란한 국제질서가 이렇게 정리된다면, 과거 얄타체제처럼 초강대국들은 각자의 영역과 권한을 인정하고 직접 충돌을 회피하면서 차가운 평화를 유지할 수 있을지 모른다. 그러나 갈등 비용과 충돌의 위험성은 비강대국들에 전가되는 구조가 될 것이다. 이런 점에서 우리는 미중갈등에 연루되는 것뿐만 아니라, 강대국 대타협의 거래 대상이 되지 않도록 주의해야만 한다.

 국제질서의 새로운 대립 구도가 충돌과 대타협 중 어디로 귀결될지는 아직 불명확하다. 미국의 구상대로 한미, 미일 간의 양자 동맹을 중국에 대항하는 삼자 동맹으로 전환하게 된다면, 한미일 대 북중러의 진영구도가 고착화되고 주한미군의 역할을 비롯한 한미동맹의 성격 자체가 변할 수밖에 없다. 이와 같은 최종적 결과뿐만 아니라, 미국이 자신의 부담을 줄이고 동맹국에 역할을 분담시키는 과정에서 위계적 구조가 형성되고 있다는 점도 경계해야 한다. 우리가 쿼드, 오커스 등 인도-태평양 지역의 반중 안보동맹체에 포함되지 않았다는 점은 다행이지만, 이는 미국이 새로운 안보 구상에서 한국의 위상을 일본은 물론, 인도-태평양 동맹 구조에 참여하기 시작한 서구 강대국보다 아래에 설정하고 있음을 보여준다. 일본과 역외 강대국이 상위에 위치하는 위계적 동맹구조는 한국의 권한과 발언권을 축소할 뿐만 아니라, 이들이 향후 우리의 주권과 안보에 개입할 가능성을 예고하기 때문에 국민 정서상으로도 받아들이기 어렵다.

미중 대립이 추동하는 신냉전이 현실화된다면, 갈등의 축은 동아시아가 될 수밖에 없으며, 한반도가 충돌의 접점이 될 수도 있다. 그러나 진영 구도의 타파는 물론, 동북아의 긴장 완화도 쉽지 않은 과제다. 단순히 한미·한중관계 차원에서 해결될 수 있는 문제도 아니다. 일본은 중국을 억지하기 위해 진영 구도를 활용하고 새로운 동맹구조에서 최상층 지위를 차지하려고 한다. 타이완, 필리핀 등은 중국의 직접적 위협과 국내 정치의 분열이 결합돼 진영 대립의 격화를 추동하고 있다. 따라서 신냉전의 진영 구도를 타파하고 우리의 안보와 국익을 수호하기 위해서는 아시아와 인도-태평양을 초월한 더 큰 인식과 실천, 다양한 주체와의 협력, 다차원적 전략이 요구될 수밖에 없다.

(2) 한반도 갈등의 세계화, 신냉전의 한반도화

우크라이나, 팔레스타인, 카슈미르 등에서 보듯이 국제질서의 격변과 함께 전쟁이 빈발하고 있다. 패권국 미국의 힘과 역할이 축소되고 진영 대립이 심화하면서 오래도록 축적된 지정학적, 군사적 긴장이 대규모 무력 충돌로 쉽게 전환되는 것이다. 일단 전쟁이 발발하면 단기간에 수습되지 못한 채 장기 지속되는 상황이 반복되고 있다.

불행히도 한반도는 미중 진영 대립의 최전선에 놓여 있어 이

지역들만큼이나 충돌 위험이 매우 높다. 최근 북한의 전략 변화는 한반도의 긴장을 더욱 고조시키고 있다. 북한은 전쟁 가능성을 증대시키고 위협을 확산함으로써 상대를 대화로 유도하고 협상력을 확보해 왔다. 하지만 핵능력 고도화를 지렛대 삼아, 미국과 직접 대화를 통해 체제 보장과 경제적 이권을 얻으려던 시도는 2019년 이른바 '하노이 노딜'로 좌초되었다. 그런 가운데 러우전쟁은 북한에 새로운 기회를 제공했다. 북한의 러우전쟁 참전은 미국 주도 제재를 우회할 수 있는 수단을 확보하기 위한 것일 뿐만 아니라, 남북 갈등을 세계화함으로써 한반도를 강대국들이 긴급히 개입해야 할 진영 대립의 최전선으로 부상시키려는 전략이라 할 수 있다.

이런 상황에서 가장 시급한 과제는 한미동맹이라는 안보의 근간을 훼손하지 않으면서, 동시에 미국의 인도-태평양 전략 재편이 한미동맹을 전지구적 진영 대립에 연계하지 않고, 또 신냉전 구도를 한반도로 집중시키지도 않도록 설득하고 협상하는 것이다. 이를 위해 우리와 비슷한 처지에 있는 미국의 다른 동맹국·우호국과 입장을 공유하고 협력하는 것이 우선되어야 한다. 그러나 현실은 정반대로 전개되고 있다. 일례로 최근 일본은 한반도와 동·남중국해를 하나의 전쟁계획으로 통합한 '하나의 전구' 구상을 미국에 제안했다. 미국과 독자적인 협의를 통해 중국에 대응하는 독보적 역내 균형자로 자리매김하려는 의도를 드러낸 것이다. 남중국해 등에서 중국과 다양한 분쟁을 겪고 있는 동아시아 국가들도 강력한 군사력을 가진 한국의 연루를 원할 수 있다.

국내 정치도 중요한 요소다. 반면교사로서 타이완을 살펴보면, 집권 민주진보당과 야권 간의 극심한 대립으로 대외정책 전반에 혼란이 가중되고 있다. 당리당략에 따라 중국에 대한 입장과 정책이 극단화되면서 상대를 비난·공격하는 수단으로 전락했고, 이러한 대립은 대외정책의 실용성을 크게 떨어뜨렸다. 실제로 반중·친미 노선을 내세운 라이칭더 정부가 성급하게 추진한 TSMC의 대규모 미국 투자는 관세 협상에서 별다른 효과를 발휘하지 못했다. 이처럼 친미와 친중 사이의 극단적인 대립은 대외 협상력을 약화시키고, 결과적으로 정치 분열을 더욱 심화시킨다. 멀리 갈 것 없이 윤석열 정부 또한 신냉전 구도를 한반도에 이식해 극단주의 지지층을 결집하려 했으며, 계엄과 탄핵 국면에서 근거 없는 반중 논리를 확산시키며 국익을 훼손했다.

기존 국제질서의 균열이 지역과 분야를 가리지 않고 전쟁과 분쟁을 촉발하는 상황에서 신냉전의 진영 구도가 한반도에서 재현되지 않도록 억제하는 것이 가장 중차대한 과제로 부상했다. 그러나 남북관계, 미국과 중국의 전략, 역내 국가들의 이해관계 등 모든 조건이 녹록지 않다. 이 어려움을 타개하려면 좁은 지역과 특정한 영역을 초월하여 능동적이고 다각적인 외교 전략을 모색해야만 한다. 초강대국의 강압에 대응하는 공동의 협력을 설득하기 위해서는 먼저 우리의 가치와 원칙을 명확히 하고, 우리 내부의 합의가 선결되어야 한다. 그러나 이념적 분열과 극단주의가 더욱 심해진 상황에서 이는 난망한 과제다. 초당적 합의가 불가능하다면, 사회적 합의를 통해 대외전략을 정치사회적 분열로부터 어느 정도 단절할 수 있어야만 최소한의 대응이 가능할 것이다. 어느 때보다도 실용적이고 책임감 있는 정치적 리더십이 절실한 이유다.

(3) 진영구도 타파의 길

미중 대립에 따라 진영구도가 확산되면서 초강대국들은 자신의 구상대로 국제질서를 변화시키기 위해 양자 협상을 통해 개별 국가를 압박하는 방식을 강화하고 있다. 트럼프 행정부는 정상 간 직접 담판으로 관세 협상과 안보구조 재편을 진행하고 있다. 중국은 미국에 대응해 국제기구와 다자협력의 중요성을 강조하는 듯 보이지만, 주변국에 대해서는 자신의 세력권을 확고히 하고 반중 세력의 출현을 막기 위해 국가별로 강한 압박을 행사한다. 이에 따라 진영의 고착을 막고 국익을 지키려면, 초강대국과의 단독 대치를 지양하면서 다각적 협력을 모색하는 것이 시급하다.

동아시아 차원의 다자협력 강화가 우선적인 대안이 될 수 있다. 그러나 역내 국가들은 조건과 자원이 유사해, 오히려 타국의 국익을 희생하면서 강대국과 타협하거나 새로운 안보구조에서 더 유리한 지위를 얻을 목적으로 서로 경쟁하기 쉽다. 따라서 기존의 양자관계와 역내 협력을 안정적으로 관리하는 동시에 세계적 차원에서 다층적·복합적 협력을 구축해야만 한다. 그동안 주목하지 않았던 지역과 국가를 대상으로 삼아 더 크고 더 넓은 외교를 추진해야 한다. 이는 신냉전의 도래로 임박한 공급망 경쟁과 경제안보 시대에 대비하기 위해서도 필수적이다.

이를 위해 신냉전 논리로 인해 훼손되고 있는 보편적 원칙에 부합하고, 한국이 근거와 경험을 갖춘 가치와 노선을 먼저 정립해야 한다. 기후변화 대응을 비롯한 생태적 가치, 첨단기술에 대한 반성을 담은 산업과 노동 윤리, 이주민과 타자에 대한 적대가 아닌 환대 등 그동안 인류 문명의 진보로 여겨졌지만, 점차 소외되고 지지 기반을 잃고 있는 가치와 윤리에 주목해야 한다. 초강대국과 동일한 지정학적·경제적 계산만으로는 우리를 대안으로 내세울 수 없기 때문이다. 자유무역과 민주주의는 전쟁과 분단을 딛고 강대국으로 부상한 한국이 자신의 경험으로 보장할 수 있는 최우선의 보편 원칙이다. 계엄과 탄핵 국면에서 증명된 민주주의의 복원력, 문화예술을 통해 세계적으로 영향력을 확대하고 있는 이른바 'K-컬처'가 보편 가치의 실현을 보장하는 한국의 매력과 특수성이 될 것이다.

가치와 노선은 구체적 실천 윤리로 드러나야 한다. 한반도의 평화와 비핵화 원칙을 북한과 국제사회에 설득하는 것이 급박한 과제이지만, 세계적 차원에서 동감을 이끌 수 있는 보편성이 부족하고 당장 과감한 변화를 실현하기도 어렵다. 다른 실천 가능한 사례를 들자면, 방위산업의 성장을 적절히 촉진하면서도 무기개발과 수출에서 보편적 윤리를 천명하고 그에 걸맞은 글로벌 거버넌스를 선도할 수 있을 것이다. 또한 미국의 국제개발처(USAID) 축소, 중국의 투자 논리에 기반한 저개발국 개발 등 강대국의 강권주의로 붕괴하고 있는 인도주의 공여와 지원에 앞장서야 한다. 과학기술 입국의 대표적 모범사례로서 한국은 인공지능, 로봇산업 등 최첨단 기술이 가져올 수 있는 위험에 대비하고 그에 대한 반성을 담은 문명사 차원의 산업 윤리와 노동 가치를 선보일 최적의 자격을 갖고 있다. 이를 통해 인도-태평양 전략, 일대일로 등과 같이 세력과 문명의 선을 가르고 충돌을 상정하는 강대국의 전략 대립이 아닌, 평화·공영·포용을 대한민국의 대안으로 정립해야 한다.

새 정부 수립 직후 개최되는 아시아태평양경제협력체(APEC) 경주 정상회의가 최적의 기회가 될 수 있을 것이다. 한국은 윤석열 정부에서 이미 '우리가 만들어가는 지속가능한 내일: 연결·혁신·번영'으로 이번 APEC의 주제를 선정했다. 무난하고 포괄적인 주제에서 벗어나 신냉전의 진영구도에 과감히 문제를 제기하고 전쟁과 보호무역에 대한 분명한 반대를 표명해야 한다. 민주주의, 인도주의, 자유무역, 반전평화 등 민감한 주제에 대해서도 논쟁을 촉발하고 먼저 실천의 청사진을 제출해야 한다. 북한도 한때 APEC 가입을 희망했다는 점에서 실현가능성이 적더라도 평화와 성장의 종합 패키지를 북한에 제시하고 참석을 적극 유도해 볼 수 있다. 이를 통해 새롭게 시작하는 대한민국은 경제대국과 군사대국을 넘어, 신냉전 진영 구도에 대응하는 대안과 실천을 제시하는 '전지구적 규범 창출 국가'로 자리매김해야 한다.

6부

각자도생의 시대, 번영의 토대를 확대하는 한국의 글로벌 외교

1. 새로운 K-글로벌 외교, 어떻게 해야 하는가?

(1) 동북아를 넘는 새로운 K-글로벌 외교의 필요성과 목표

한국의 안보, 번영과 관련된 이슈는 지리적으로 동북아의 범위를 넘어선지 오래다. 세계 5위의 군사력, 세계 수출입 시장에서 각각 6위와 8위(2022년 기준)에 위치하고 있는 국제적 위상, 세계적 범위의 환경, 경제, 에너지 안보 이슈는 한국 외교의 지리적 영역을 강제적으로 확대하고 있다. 한반도 주변국들뿐만 아니라 역외 국가들과 안정적이고 지속가능한 관계의 틀이 필요해진 것이다. 무엇보다도 국제정치적 불확실성 증가로 인해 독자적인 외교 협력망 구성은 생존을 위한 핵심 주제가 됐다. 전지구적 지역전략 수립이 상황에 따른 선택이 아닌 필수가 된 것이다.

그동안 한국의 글로벌 외교는 외교의 지평을 확장하기 유리한 국제환경에 힘입어 한반도에서 동북아로, 이후 동남아로 확장됐다. 냉전의 붕괴는 중국, 러시아와의 국교 수립을 목표로 진행된 북방정책의 배경을 제공했고, 신자유주의 세계화는 아시아와 유라시아를 대상으로 하는 지역전략에 눈을 뜨게 했다. 그러나 지금의 국제적 현실은 우리의 글로벌 외교에 유리한 환경이 아니다. 미국 스스로 자유주의 패권을 포기하고 자신이 만들었던

자유주의적 국제질서를 비난하며 UN, WTO와 같은 국제제도들을 무력화하고 있는 가운데, 강대국들은 자신들이 가지고 있는 자원들을 안보 무기화하고 있다. 이들은 자신들의 세력권을 재구축하면서 주변국들에 영향을 미치려 하고 있다. 한국 글로벌 외교의 국제환경이 변한 것이다.

국제환경과 더불어 한반도 환경도 변하고 있다. 지금까지 한반도의 위기가 매번 우리 글로벌 외교의 발목을 잡아 왔다. 박근혜 정부의 유라시아 이니셔티브, 문재인 정부의 신북방정책은 북핵 위기와 남북관계 경색으로 원동력을 잃었으며, 남북관계 개선과 북한 문제 해결을 주도해야 국제사회에서 한국 외교의 자율성을 높일 수 있다는 정책 논리는 우리를 한반도와 동북아 외교에만 집중하게 만들었다. 한반도 비핵화와 한국의 평화 노력에 대한 상대국의 지지가 항상 최우선적 외교 목표가 되어버렸다. 멀리 밖으로 나가도 한반도와 동북아로 회귀할 수밖에 없는 한국 외교의 관성이 작동했다. 하지만 북한의 핵전력 고도화와 적대적 두 국가론은 북한 문제에 대해 한국이 영향력을 발휘할 가능성을 급격히 축소시켰다. 이제는 글로벌 외교와 한반도 문제의 잠정적 분리가 현실화되는 상황이 도래한 것이다. 물론 글로벌 외교를 통한 한반도 문제의 해결 노력은 지속해야 한다. 하지만 글로벌 외교의 조건과 목표가 한반도 문제의 해결만이 되어서는 안 된다. 외교의 관성을 바꿀 시점이 온 것이다.

한국의 성장과 발전은 제조업 중심의 개방형 통상국가 모델에 토대를 두고 있었지만, 이제 이것이 강대국들의 이익과 충돌하는 상황이 발생하고 있다. 현실적으로 우리의 능력 밖에 존재하게 된 북한 문제보다 강대국 경쟁의 최전선에 놓인 구조적 압력을 우선적으로 돌파해야 하는 과제가 주어진 것이다. 이런 중차대한 과제를 해결하기 위해서는 새로운 패러다임의 K-글로벌 외교가 필요하다. 우선, 강대국의 주변국이 갖는 편승외교의 관성에서 벗어나 국익 중심의 실용주의적 사고로 전환해야 한다. 이를 바탕으로 전 세계에 촘촘한 외교망을 구축해 강대국들의 세력망 경계를 관통할 수 있는 대외전략의 레버리지들을 확보해야 한다.

(2) K-글로벌 외교의 방향성

윤석열 정부의 실패를 K-글로벌 외교의 방향 설정을 위한 출발점으로 삼을 수 있다. 윤석열 정부는 국가비전으로 '글로벌 중추국가'를, 실현 방안으로 '인도-태평양 전략'을 그리고 국가정체성으로는 '자유민주주의 국가'를 제시했다. 전체적으로 글로벌 외교의 방향성을 자신있게 제시한 것처럼 보이지만, 이념 중심의 편향외교로 귀결됐다. 그 결과는 대외전략의 레버리지 상실, 국제적 위상 훼손, 한반도 안보 위기 고조, 남북관계 파탄이었다.

이러한 실패는 현실과 괴리된 글로벌 외교의 설계로부터 비롯되었다. 자주적인 사고의 결핍, 잘못된 국가정체성 정립에서 발생한 비전과 방식의 불일치가 외교의 실패로 나타난 것이다. 첫째, 인도-태평양 전략은 기본적으로 해양 강대국 세력들의 지정학적인 대륙봉쇄 전략인데, 윤석열 정부는 이를 우리의 현실에 맞게 수정하지 않고 있는 그대로 받아들여 해양세력에 편승하는 진영 외교와 대륙세력에 맞서는 배제 외교를 추진했다. 아세안이 인도-태평양 전략을 자신들에게 맞게 수정해 특정 국가에 대한 봉쇄가 아닌 지역과 지역을 잇는 연계 전략으로 발전시킨 것과 대조된다. 탈냉전 이후 처음으로 대륙 협력 전략이 없이 반쪽짜리 외교 전략만 만들어진 셈이다. 둘째, 자유민주주의 국가의 정체성을 왜곡했다. 자유민주주의는 다른 체제와 달리 타인과의 공존을 평화적으로 보장하는 체제다. 그런데 윤석열 정부는 자유민주주의를 냉전 시절 공산주의와 체제 경쟁을 벌였던 반공국가로만 이해했다. 현실적으로 반쪽짜리 지역 전략과 배타적인 외교로 글로벌 중추국가를 추진하는 것은 불가능했다.

K-글로벌 외교는 국가비전, 국가정체성, 지역전략이 정합적 관계에 있어야 한다. 국가비전은 객관적인 국력을 바탕으로 강대국에 휘둘리지 않고 국익과 전략적 자율성을 확보하며, 국제사회에 공헌하고 지지를 받는 국가의 위상을 담아야 한다. 국가정체성은 국가의 국제적 위상과 국가의 발전 전략이 탈이념적 실용주의 용어로 제시되어야 한다. 개방형 통상국가는 그동안 한국이 성장해온 역사적 국가정체성으로서 지속해서 발전시켜야 할 개념이다. 지역전략은 개방형 통상국가의 정체성에 맞게 지역과 지역을 잇고 통합하는 방향으로 나아가야 한다. 특정 국가나 지역을 배제하거나 봉쇄하는 것이 아닌 전지구적 영역에서 국가 간 공존의 기회를 제공하는 방법들을 찾아야 하며, 앞으로 예상되는 국제질서 혹은 힘의 이동을 고려한 전략을 세워야 한다.

과거와 다른 환경에 놓인 K-글로벌 외교가 새로운 방향으로 나아가기 위해서는 몇 가지 정책적 변화가 동반되어야 한다.

첫째는 현재 진행중에 있는 미국 및 서유럽 편향으로 설정된 외교의 틀을 변화시키는 것이다. 특히 그간 경시해 왔던 아시아, 유라시아 국가들이 주는 기회에 주목해야 한다.

둘째는 역내 외교의 범위 확대이다. 우리 역내 외교의 범위는 그동안 동북아로 한정됐다. 그러나 교통과 통신의 발달로 지리적 제약이 약해진 상황에서 지리적 인접성과 함께 상호 관계성의 정도에 따라 그 범위를 확장하는 것이 외교정책의 전략적 변화를 추동하는 데 효과적일 수 있다. 이에 따라 한국은 역내 외교의 범위를 동북아를 넘어 동남아와 몽골을 포함하는 동아시아 전체로 확대해야 한다. 동북아에서 우리를 옥죄는 강대국 정치의 비좁은 공간을 밀어내고 경제와 외교의 자율적 공간을 확보하기 위해서 외교의 공간을 넓히고, 역내에서 우리와 연대할 수 있는 국가들의 수를 확대해야 한다.

(3) K-글로벌 외교의 지역전략: 유라시아-태평양 K-이니셔티브

한국은 유라시아 대륙에 자리잡고 있는 국가다. 동시에 태평양을 향해 열려있는 바다를 접하고 있다. 반도국가의 지리적 공간은 남북분단과 주변에 위치한 강대국들 때문에 세계 어느 지역보다 지정학이 강력하게 작동하는 공간이 되어버렸다. 이에 대응하는 유라시아-태평양 K-이니셔티브는 유라시아와 태평양의 지리적 경계선을 지정학적 균열로 생각하지 않고 잇고 연결해 새로운 길을 만드는 전략이다. 우선 한국은 유라시아-태평양 네

트워크의 허브국가 역할을 지향한다. 이를 통해 대륙세력과 해양세력이 맞부딪히는 지정학적 위기 환경을 기회로 전환시켜야 한다. 또 유라시아-태평양 K-이니셔티브는 개방형 통상국가의 입지를 공고화하고 강대국 국제정치 위기를 대비하기 위해 대륙과 해양의 광범위한 지역에 중층적 협력망 구축과 연계를 목표로 한다.

구체적으로 대륙 전략으로 '유라시아 대륙 협력망'과 해양 전략으로 '태평양 해양 협력망' 구축을 추진한다. 유라시아 대륙 협력망은 과거 신북방정책의 한계를 넘어서는 한편, 북극항로와 같은 새로운 영역에 능동적으로 대응하는 방안이다. 과거 대륙 정책은 대륙과의 육상 교통 및 물류망 연결을 전제한 구상이었기 때문에 남북관계 개선이 필수적이었다. 물론 이러한 접근법을 우리가 포기할 필요는 없으며, 언제든지 가능성이 보인다면 적극적으로 추진해야 한다. 하지만 남북관계의 현실을 고려할 때 해상과 항공을 통한 연계와 교류협력의 추진이 현실적이다. 유라시아 대륙은 유럽에서 한반도에 이르는 광대한 영역을 포괄한다. 유라시아 지역 내 협력을 한반도에서 가까운 지역에서부터 순차적으로 추진하는 것이 아니라 기능적 협력이 가능한 지역에서부터 시작하는 변화가 필요하다. 유리사아 대륙의 동과 서, 남과 북을 잇는 물류 회랑 형성, 그리고 북극항로 개발에 있어 한국의 적극적인 역할을 모색해야 한다.

둘째, 태평양 해양 협력망은 한국과 미국의 동맹축을 중심으로 환태평양에 위치한 일본-호주-남미-멕시코-캐나다가 자유무역지대로 묶이는 순환형 고리다. 태평양 해양 협력망은 미국과 일본의 인도-태평양 전략과 달리 유라시아 대륙 국가들을 봉쇄하기 위한 전략이 아니라는 점을 명확히 인지하고, 호혜적이고 개방적인 질서 형성에 기여해야 한다.

유라시아-태평양 K 이니셔티브의 실현을 위해서는 이미 존재하는 다양한 다자협력체에 적극적으로 참여해야 하고, 나아가 한국이 선도할 수 있는 지역별 소다자 협의체를 주도적으로 구성해야 한다. 환경, 에너지, 물류, 관광, 국방, 제조 등에서 한국과 파트너 국가들의 이익이 조화를 이룰 수 있는 제안을 개발하려는 노력이 우선 요구된다. 다자 협의체들로 격자를 짜고 유라시아 대륙 협력망과 태평양 해양 협력망으로 전 지구적 협력망을 구축한다면, 한반도가 대륙과 해양을 연결하는 명실상부한 허브 기능을 수행할 수 있을 것이다.

2. 보호주의 확산 속에서 어떻게 경제안보를 실현할 것인가?

(1) 취약한 공급망을 다원화할 인내자본 투입체계 구축

한국은 세계적인 제조업 설비를 두루 갖추고 있을 뿐만 아니

라 제조업을 가동하기 위한 최적화된 공급망도 갖추고 있다. 국내의 광물자원과 부품 조달 생태계가 제한적이기 때문에 시장 못지않게 공급망도 해외에 크게 의존하고 있다. 그런데 어떤 공급망의 어떤 품목이 특정 국가에 지나치게 의존하고 있다는 것이 최근 들어 위험으로 인식되고 있다. 지난 COVID-19 팬데믹 당시 중국에서 생산하는 와이어링 하네스라는 부품의 조달이 어려워지면서 전세계 자동차 생산이 일시에 중단된 적이 있다. 또한 중국이 석탄수급 불안으로 인해 석유화학 제품의 수출을 통제하자 당장 우리나라에 요소수 공급이 끊길지도 모른다는 불안이 조성된 적도 있다. 세계적 차원에서는 미국과 중국이 서로의 공급망을 무기화하면서 다른 나라들에게도 공급망 불안을 전염시키고 있다.

한국은 의도하지 않은 자연재해나 정책의 나비효과 때문이건, 의도적인 공격 때문이건 간에 공급망이 붕괴되는 상황에 대비해야 한다. 이미 여러 연구기관에서 품목별 의존도를 망라한 상세한 리스트를 제시한 바 있고 정부도 그것을 파악하고 있다. 특정 국가에 대한 의존도가 70% 이상인 품목들을 향후 몇 년간 50% 이하로 낮춘다는 등의 목표도 가지고 있다. 비록 지난 정부에서 시작된 정책이지만 새 정부도 이를 계승하여 지속적으로 추진할 필요가 있다. 공급망 안정화는 어느 한 정권의 임기에 완성될 수 있는 과업이 아니기 때문이다. 즉 국가적 목표를 추진할 초당적 실천 메커니즘이 구축돼야 한다. 이미 우리나라는 석유와 같은 핵심 에너지에 대해서는 구매처 다원화, 비축량 엄수, 장기계약 등과 같은 대책을 가지고 있다. 앞으로는 석유뿐 아니라 다른 많은 품목에 대해서도 이와 같은 정부 차원의 대책이 필요한 것이다.

그러나 명백히 알아야 할 것은 이러한 공급망 안정화 조치들이 경제적 이익을 가져오지는 않는다는 점이다. 이미 구축된 공급망은 각 기업들이 가성비와 제품 최적화를 추진한 결과 형성된 것이었다. 공급망 위기가 인지되기 전 지난 30년 동안, 한국뿐만 아니라 전세계 모든 기업들이 효율성을 추구하여 이른바 글로벌 가치사슬이 형성됐다. 지정학적 리스크 때문에 이 공급망을 깨고 새로운 공급망을 구축하면 지정학적 리스크가 사라지고 마는 것이 아니라, 지정학적 리스크를 비즈니스 리스크로 대체하는 셈이 되는 것이다. 만약 어느 광물자원을 어느 나라로부터 구매하여 조달하면 그 나라에 의존한다는 지정학적 리스크는 있지만 검증된 자원을 상업적으로 구매하는 것이기에 비즈니스 리스크는 없다. 그러나 그 광물자원을 우리 스스로 탐사·개발하여 조달한다면 지정학적 리스크는 없어질지 몰라도 상업적으로 불확실한 사업을 감당해야 하는 비즈니스 리스크가 발생한다.

이러한 비즈니스 리스크를 기업들에 전가시키는 방식으로는 공급망 다원화의 목적을 달성할 수 없다. 그 목적을 효율적으로 달성하려면 정부에서 새로운 리스크를 감내할 수 있는 인내자본(patient capital)을 기업들에게 투입해야 한다. 정책은행이나 연기금 활용 투자, 공기업과 민영기업의 협업 등 다양한 형태로 저금리·초장기 자본을 조달해야 하는 것이다. 이것이 공급망 다원화를 위해 우리가 실질적으로 지불해야 할 비용이다. 공급망 다원화를 위한 품목 선정, 목표 설정과 함께 이러한 장기적 자본투입 태세를 갖춰야 그 목표를 달성할 수 있을 것이다. 단, 이러한 공급망 다원화는 장기적인 목표임을 명심하고, 단기적으로는 기존 공급망에서 사고가 나지 않도록 보수적으로 관리를 해야 한다. 다원화는 장기적 목표, 안정화는 단기적 목표임을 유념해야 한다.

(2) 경쟁적 보호무역의 충격을 완화할 수 있는 실리적 초진영 네트워크 구축

우리나라는 2000년대 이래 개방형 통상국가라는 초당적 합의를 바탕으로 세계 거의 모든 주요 경제 단위들과 FTA를 체결해 왔다. 거의 모든 분야를 망라한 한국의 촘촘한 산업망은 촘촘한 FTA 망에 기초해 있다고 해도 과언이 아니다. 이를 뒷받침하는 WTO의 거버넌스 작동 방식도 개방형 통상국가로서 한국의 여건과 이익에 잘 부합했다. 최근까지도 우리는 RCEP에 가입하고 포괄적·점진적환태평양경제동반자협정(CPTPP)에 가입을 시도하는 등의 노력을 계속해 오고 있었다.

그러나 최근 미국으로부터 시작하여 세계 각국 사이에서 FTA나 WTO 규정을 무시한, 초월적 국내법 적용이 빈번하게 벌어지고 있다. 관세 인상은 물론, 공급망 보이콧, 수출입 제한, 국내시장 진입제한 등 과거에 기피하던 정책들의 사용 빈도가 점점 높아지고 있다. 상대방의 이러한 보호주의적 정책 집행 앞에서 FTA 규정을 준수하라고 요구하거나 WTO에 제소하겠다고 호소하는 것은 별 효과가 없다는 냉엄한 현실도 드러나고 있다.

국제무역과 투자의 규칙이 흔들리고 있는 이러한 상황은 우리나라에게는 재앙적으로 작용할 것이 분명하다.

한편 이러한 보호주의적 경쟁 속에서 일종의 진영 네트워크가 형성되고 있다. 한국이 가입한 네트워크에는 IPEF, 광물자원안보파트너십(MSP), 미-동아시아 반도체 공급망 회복력 워킹그룹, 이른바 팹4(Fab4) 혹은 칩4 등이 있다. 우리나라는 단순히 참여에 그치지 않고 IPEF 위기대응네트워크와 MSP의 의장국을 맡는 등 상당히 중요한 역할을 했다.

그러나 이러한 서방측 네트워크에 참여하여 활동하는 것만으로는 경제안보를 도모하기 힘들다. IPEF나 MSP의 회원국들이 많아 보이지만 이들은 수요자 동맹적 성격이 강하다. 러시아, 중동, 아프리카, 중앙아시아 등의 자원 공급국이 빠져 있고, 미국, 일본, EU 등 자원 수요국들 위주이기 때문이다. 이러한 수요자 동맹은 없는 것보다는 낫지만 매우 취약하다. 게다가 이 동맹의 가장 튼튼한 버팀목이어야 할 미국이 최근 자국 위주의 못 미더운 모습을 보이고 있는 상황이라면 더욱 불안하다. 진짜 비상상황이 오면 회원국들이 서로 협력을 할지 서로 경쟁을 할지조차 장담할 수 없다. 우리는 트럼프 1기때 EPN, BDN, 클린 네트워크 등이 남발됐다가 유야무야 사라졌던 것을 기억해야 한다. 또한 바이든 정부 때 약속했던 보조금이 트럼프 정부 들어서는 협상의 지렛대로 남용되고 있는 모습도 직시해야 한다. 특히 진영 네트워크가 공격적인 성격을 띠기 시작한다면 그 네트워크에 가입해 있다는 것이 오히려 위험을 증폭시킨다는 것도 상상할 수 있어야 한다.

이렇게 기존의 보편적 자유무역 네트워크의 확장을 도모하기 어렵고, 미국발 진영에 서는 것도 경제적 안전을 보장하지 못하는 상황에서 우리는 초진영적 네트워크를 구상하고, 거기에 참여해야 한다. 지난 정부에서 우리 스스로 중견국들을 소집하여 믹타를 결성한 것도 하나의 성과로서 계승해야 한다. 더 나아가 갈수록 규모가 커지고 있는 '브릭스 플러스'나 다른 신흥경제국들과도 진영을 넘어서 네트워크를 구상할 수 있어야 한다. 불확실성의 시대에 냉전적 양자택일의 사고방식은 매우 위험하다.

(3) 새로운 해외시장 개척을 위한 팀코리아 지원 체제 구축

불확실성의 시대에 새로운 해외시장을 개척해야 할 필요성이 점점 커지고 있다. 과거에는 개방형 통상국가로서 세계 1위 미국 시장과 2위 중국(홍콩 포함) 시장에 절반 가까운 수출을 하는 것이 자연스러운 일이었지만, 이제는 지정학적 파워를 강하게 구사할 수 있는 상대국에 대한 지나친 의존이 위험 요인이 됐다. 미국과 중국은 단번에 대체할 수 없는 중요한 시장임에 틀림없고, 세계 최첨단 제품이 기획되고 판매되는 곳이니만큼 섣불리 벗어나기는 어렵다. 벗어나기는커녕 거기서 살아남아야 나머지 세계 시장에서도 우리의 존재감을 도모할 수 있다. 그러한 노력과 함께 새로운 시장에 착목하고 우리의 외연을 넓히는 노력을 병행해야 하는 것이다.

흔히 신흥시장이라고 부르는 동남아, 아프리카, 중앙아시아, 중남미 등지의 나라들은 최근 글로벌사우스라는 명칭으로 회자

되고 있다. 이들은 아직 소득이 낮아서 시장이 성숙하지 않았고, 교통망과 같은 물질적 사회 인프라가 부족하고, 안정된 통화가치나 시장질서와 같은 비물질적 사회 인프라도 부족하다. 이런 현장에 유의미한 접근을 하려면 '생산-마케팅-매출'과 같은 기업 내부의 역량만으로는 부족하다. 때로는 매출액 대신 그 나라에 풍부한 자원을 대가로 접근해야 할 수도 있다. 또 그 나라에 부족한 사회 인프라를 우리 스스로 구축해 나가며 차근차근 접근해야 할 수도 있다. 한 기업의 역량을 뛰어넘는 이러한 종합적인 시장접근을 위해서는 한 나라의 역량이 모아져서 일사분란하게 움직여야 한다. 이것을 팀코리아(Team Korea)라고 불러보자.

팀코리아는 금융-자원개발-제조업-건설업이 어우러진 종합적인 해외시장 접근 단위라고 할 수 있다. 정책은행과 원조자금 등에 기반한 안정적인 금융조달에 기초하여, 건설기업이 인프라를 구축하고, 제조기업이 물자를 생산하며, 자원기업이 자원을 개발하여 이 모든 경제활동의 대가를 취하는 모형이다. 현지 상황에 따라 이 네 가지 요소를 적절히 배합하여 팀을 꾸리게 될 것이다. 이렇게 하면 재정이 약한 나라에서도 비즈니스 리스크를 최소화하여 프로젝트를 운용할 수 있다. 또한 건설기업이 저가로 수주해도 관련 조달기업이 납품을 하면 EPC(Engineering, Procurement, Construction) 프로젝트를 경쟁력 있게 수행할 수 있다. 궁극적으로 이를 통해 우리나라의 현지 저변이 넓어지고 이것이 곧 그 나라에서 장기적인 우리나라 제품의 수출경쟁력으로 작동할 수 있다.

개도국에 대한 이러한 종합적인 접근 방법은 새로운 발상이 아니라 최근 나타나는 국가 주도 해외 프로젝트의 큰 추세이다. 중국이 일대일로를 통해 그렇게 했고, 미국은 글로벌 인프라투자 파트너십(Partnership for Global Infrastructure Investment)이란 이름으로, 유럽은 글로벌 게이트웨이(Global Gateway)라는 이름으로 그렇게 하고 있다. 특히 미국과 유럽은 중국의 실리적 접근에 자극을 받아, 원조에서 자금동원으로, 간접적 접근에서 직접적 개입으로, 원조와 기업행위의 분리에서 융합으로 방향 전환을 시도하고 있다. 서방은 자기들의 계획이 중국의 일대일로에 대항하여 나온 것임을 공공연히 밝히고 있으나, 중국의 방식을 폭넓게 수용하고 있다는 것은 암묵적으로만 인정하고 있다,

한국은 국제사회의 이러한 움직임을 벤치마크 해, 목표로 하는 신흥시장과 프로젝트에 대해 팀코리아를 결성해야 한다. 또한 단순히 벤치마크에 그치는 것이 아니라, 미국, 유럽, 중국, 일본의 단위들과 협력해 가면서 글로벌사우스 시장에 접근해야 한다. 해외 저변이 약한 한국에게 저변이 큰 나라들과의 협력이 매우 긴요하다.

(4) 정교한 대응형(reactionist) 산업정책 설계

전 세계적으로 산업정책 경쟁이 돌아왔다. 60년대 이후 산업에 대한 국가의 개입은 도의적으로나 실효적으로 좋지 않다는 공감대가 확산됐고, 특히 냉전 질서가 붕괴한 후에는 각 기업들이 핵심역량에 특화하는 추세가 강화되면서 정부의 정책개입 여지는 더 줄어들었다. 그러나 중국이 2015년에 발표한 중국제조

2025가 이러한 분위기를 바꿔놓았다. 세계의 제조업 하청기지로서 글로벌 기업들과 이윤을 나눠 가지던 중국이 산업적 자립을 달성한다면 국제분업체제는 붕괴하게 되고, 각 국가들은 각자 자기완결적인 산업을 갖춰야 하게 된 것이다.

여기에 COVID-19 팬데믹이 불러온 공급망 리스크에 대한 자각, 미중갈등으로 인한 지정학적 리스크에 대한 우려, 그리고 인공지능·탄소절감·신에너지 등 차세대 기술에 대한 경쟁의식이 더해지면서 각국 정부는 자국의 산업경쟁력을 강화시키려는 폭넓은 정책들을 구사하게 됐다. 최근의 연구는 이러한 산업정책이 상호대응적이고, 개도국보다 선진국들이 더 많이 구사하고 있으며, 경쟁력이 약한 분야가 아니라 경쟁력이 강한 분야를 더 강하게 만들기 위해 구사된다는 점에서 신산업정책이라는 이름을 붙이고 있다.

이러한 산업정책은 결국 국가들 사이의 보호주의 경쟁을 촉발시키게 되므로 서로 절제하는 것이 최선이다. 그러나 누구라도 선을 넘으면 결국 다같이 선을 넘게 되는 상황에서, 한국만 고고히 산업정책을 구사하지 않고 있을 수도 없다. 문제는 한국이 주요 산업 분야에서 골고루 정상급의 경쟁력을 보유하고 있으며, 우리의 움직임에 세계가 주목하고 있다는 사실이다. 우리의 산업정책은 매우 쉽게 다른 나라의 산업정책을 촉발하게 된다. 이는 대외의존도가 높은 한국에게 극히 불리한 방식으로 작용한다. 이런 상황에서 우리는 다른 나라에 대응하는(reactive) 수준으로만 산업정책을 정교하게 고안해야 한다. 주도적으로(active) 행동에 나서거나 그것을 강하게 표방하는 것은 스스로를 해치는 길이다.

대응적인 정교한 산업정책을 구사하기 위해서는 세 가지가 요청된다.

첫째 국가 메시지가 절제돼야 한다. 중국이 자랑삼아 대외적으로 제기했던 중국제조 2025는 반발과 우려를 불러일으켰다. 그것을 깨달은 중국은 이제 그렇게 체계적이고 종합적인 구호를 내놓지 않고 있다. 그러나 중국은 대내용 메시지를 통해 꾸준히 산업육성을 독려하고, 지시하고 있다. 화웨이와 같이 미국의 제재를 받는 기업을 분명히 돕고 있을 테지만 그 기업이 무엇을 달성할 것이라는 식의 공격적인 예고는 하지 않고 있다. 이는 선거를 통해 유권자에게 호소할 필요가 없는 중국 체제의 장점이다. 반면 유권자들에게 무언가를 납득시켜야 하는 민주주의 정부는 계속해서 자기의 활동을 홍보해야 하고, 외부적으로 강경한 모습을 어필하기도 한다. 이런 상황에서 우리가 국가 메시지를 절제하고 조용히 실력을 다지려면 정치권이 국익 위주의 공감대를 형성해야 한다. 산업정책을 대외적으로 표방하는 것은 위험하므로 대내적으로도 메시지를 절제해야 한다는 공감대 말이다.

둘째, 산업정책을 대응적으로 구사하려면 해외의 산업정책들을 면밀히 모니터링하고 있어야 한다. 이는 위기대응 시스템과는 다른 차원의 과업 설계를 필요로 한다. 외국의 산업정책은 훨씬 장기적으로 여러 가지 가능성과 함께 우리나라에 영향을 미칠 것이기 때문이다. 즉 단순 매뉴얼에 입각한 모니터링이 아닌 산업적 상상력에 기반한 모니터링이 이뤄져야 한다.

셋째, 관세, 보조금, 감세 등 다양한 산업정책 도구들을 정교하게 설계하여 준비해 놓아야 한다. 한국의 여건과 각 산업의 특성상, 적합한 산업정책들을 정리하고, 모니터링에 따른 시나리오를 가지고 있어야 한다는 말이다. 그랬을 때 긴밀하고 빠른 정책 수립과 집행을 할 수 있다.

3. 평화와 공영을 위한 한-아세안 파트너십은 가능한가?

(1) 미중 경쟁 사이에서, 동남아시아 국가들의 선택

동남아시아는 미중 전략경쟁의 중심 무대이자 3조 달러 이상의 경제권으로, 미국과 중국 모두에게 중요한 경제적·전략적 파트너이다. 트럼프 1기 행정부가 아세안 및 관련 다자협의체에 소극적이었다는 평가에도 불구하고, 미중 무역전쟁에 따라 다수의 글로벌 기업들이 동남아로 생산기지를 이전하면서 미국과 아세안 간 무역은 오히려 증가했다.

미중갈등이 심화됨에 따라 동남아시아 국가들은 안보와 경제 현안에 있어 어느 한 편에 치우치지 않으며, 중립적 입장을 기반으로 실리를 추구하는 전략을 채택하고 있다. 그러나 트럼프

2기 행정부 출범 이후 예상되는 보호무역 강화, 관세 인상 조치 등은 대미 관계뿐만 아니라 역내 질서 전반에 구조적 영향을 미치며, 동남아 국가들의 대응 민감도를 높이고 있다. 특히 트럼프 행정부가 다자협력을 경시하고 양자 거래 중심의 접근을 지속할 경우, 아세안을 통한 집단적 협상력은 약화될 가능성이 있다.

베트남, 태국, 말레이시아, 인도네시아 등은 대미 무역흑자를 기록 중인 국가들로, 상호 관세 부과가 현실화될 경우 수출 감소와 산업 공급망 불안정성이 심화될 것으로 예상된다. 반면, 중국은 아세안과의 관계 강화를 가속화하고 있다. 시진핑 주석은 최근 캄보디아, 베트남, 말레이시아를 방문하며 정치·경제적 연대를 확대하고 있다.

안보 측면에서는 미국이 남중국해 항행의 자유 작전을 강화하면서 역내 군사적 긴장과 군비 경쟁이 고조되고 있다. 타이완 문제 및 영유권 분쟁과 결합되어 안보 리스크가 상시화될 우려가 존재한다.

이에 따라 아세안의 집단적 대응뿐 아니라 각국의 전략적 차별성에도 주목할 필요가 있다. 최근 다수 동남아 국가에서 정권 교체가 이루어진 만큼, 정치변동과 외교 협력의 연계 가능성도 고려돼야 한다. 필리핀은 미국과의 안보협력에 적극적이며, 베트남과 태국은 중국의 영향력 확대에 대한 경계 속에서 대미 경제협력을 확대하고자 한다. 말레이시아와 인도네시아는 미중 양국과 경제협력을 추진하면서도, 이슬람의 탈세속화와 중동 정세 등 국제정치적 맥락에 따라 미국에 비판적이며 중립적인 노선을 유지하고 있다.

트럼프 2기 체제 하에서 경제안보 협력 약화, 보호무역주의 강화, 다자주의의 후퇴는 아세안 국가들에 주요한 도전으로 작용할 것이다. 이에 대한 대응으로 이들 국가는 균형외교, 다자협력, 중견국 연대를 통한 자율성 확보에 나설 가능성이 높다.

미국의 동남아시아 안보 사안에 대한 관여와 안보협력은 일부 국가와 유지되더라도 거래 대상으로 전락할 수 있으며, 재정 지원의 불확실성 또한 증가할 수 있다. 미중갈등이 장기화될 경우 군사협력 유지와 함께 정치적 리스크도 커질 수 있다. 집단으로서의 아세안은 미중이 각각 주도하는 인태전략과 일대일로에 모두 참여하고 합동 군사훈련 등도 추진하고 있는 등 어느 진영에 치우치지 않는 '정렬'(alignment)에에 기반한 중립성을 추구하고 있다. 이에 기반해 아세안 국가들은 브릭스, CPTPP 등 다양한 지역 협력체에 참여하고 있다.

미중갈등이 갖는 힘의 균형이 역설적으로 아세안의 전략적 중요성을 높이고 아세안 중심성 유지에 기여하고 있다. 미중 간 불안정한 리더십 공백 속에서 한국, 아세안, 호주 등 중견국 간의 전략적 연합 구상이 필요하다. 지역 경제 질서와 규범 기반 안보 질서 유지를 공동으로 책임지는 협력 체계를 구상함으로써, 구조적 불안정성에 대응하는 다자 파트너십을 구축해야 한다.

(2) 아세안경제공동체가 갖는 전략적 함의

아세안은 무역 및 투자에 있어 한국의 2대 교역 대상이며, 중국에 이어 두 번째로 큰 수출시장으로 한국 기업의 제조업, 인프라, 디지털, 에너지 등 다양한 분야에서 핵심 생산 및 소비 거점으로 부상하고 있다.

2015년 공식 출범한 아세안경제공동체(AEC)는 단일시장과 단일 생산기지 형성을 목표로 역내 통합을 추진하고 있으며, 자유롭고 안정적인 국제무역 질서 구축에 기여함과 동시에 아세안의 국제 협상력을 강화하고 외국인 직접투자 유치를 위한 기반을 조성하고자 한다. 1997-98년 아시아 금융위기를 계기로 아세안은 한중일과 함께 아세안+3 체제를 구축했고, 치앙마이 이니셔티브를 통해 역내 금융안정 메커니즘을 제도화했다. 이후 아세안은 주요 6개국(한중일, 호주, 뉴질랜드, 인도)과 자유무역협정을 체결하고, 이를 바탕으로 RCEP의 형성을 주도함으로써 동아시아 경제 통합의 중심축으로 자리매김했다.

이처럼 과거 위기 국면에서 아세안 중심의 지역 경제협력이 확대되었음을 고려할 때, 트럼프 2기 행정부의 일방적 관세 부과와 보호무역 조치는 새로운 형태의 경제적 충격으로 작용할 수 있으며, 이에 공동 대응하기 위한 AEC와의 전략적 연계가 필요하다. 특히, 국제무역의 불확실성이 고조되는 상황에서 한국은 한-아세안 경제안보 전략대화 신설 등을 통해 반도체, 배터리, 의료용품, 희토류 등 핵심 산업의 공급망 협력 강화를 모색해야 한다. 전략물자 공동 비축과 공급망 조기경보 체계 구축

등 선제적 위기 대응체계 마련도 고려할 수 있다.

향후 트럼프 행정부의 통상정책이 미치는 부정적 파장을 중장기적으로 완화하기 위해서는 양측 간 공동 대응 기반 마련이 필요하다. WTO 분쟁해결기구의 기능 약화 속에서 무역분쟁에 상시적으로 대응할 수 있는 법률 협의체 신설, 공동연구, 자료 공유 등을 통해 통상 리스크를 낮추는 방향의 제도화가 필요하다. 이러한 조치는 잠재적인 한-아세안 간 무역 갈등을 사전에 예방하는 데도 기여할 수 있다.

아세안은 디지털 경제 전환을 통해 새로운 성장동력 확보와 역내 경제통합을 도모하고 있으며, 현재 협상 중인 아세안 디지털경제프레임워크협정의 마무리 단계에서 향후 이행 및 후속 규범 형성 논의에 한국이 긴밀히 참여할 필요가 있다. 과거 개성공단 제품의 한-아세안 FTA 원산지 인정 사례처럼, 통상적 이해를 반영할 수 있는 협상 전략이 요구된다.

공급망 안정성 측면에서 아세안은 반도체, 배터리, 전자부품 등 첨단 제조업의 대체 생산기지로 중요성이 확대되고 있다. 디지털 기반 협력을 위해 4차 산업 분야 공동 허브 조성도 검토할 수 있다. 예컨대, 말레이시아 등지에서 애플, 인텔, 아마존, 엔비디아 등 미국의 주요 정보통신기술 기업들이 대규모 데이터센터 투자를 추진하고 있는 상황에서, 인공지능 공동연구, 청년 창업지원, 디지털 교육 플랫폼 개발 등의 분야에서 협력사업을 기획·제안할 수 있다.

아세안의 경제성장이 기후변화 대응과 연계되도록 한국의 전략적 지원도 강화되어야 한다. 한국은 이미 한-아세안 협력기금을 통해 메탄 감축, 청정대기 등 기후환경 분야에서 협력사업을 추진하고 있으며, 이를 확대·심화해 실질적 기후 대응 플랫폼으로 전환할 필요가 있다. 아세안 국가들은 기후변화를 주요 정책 과제로 설정하고 있으나, 기술과 재정 부족으로 인해 외부 협력이 절실한 상황이므로, 기후변화 대응 펀드 신설 등 구조적 지원방안을 고려해야 한다.

나아가 아세안을 기반으로 남아시아·아프리카 등 글로벌사우스와의 연계 전략을 강화할 필요가 있으며, RCEP 고도화, 역내 금융위기 대응 메커니즘 확대, CPTPP 가입 전략 등에 있어 아세안과의 공조는 한국의 중장기 통상 전략의 핵심축이 될 것이다.

(3) 평화·공영·포용을 위한 한국과 아세안의 협력 방안

강대국 간 전략 경쟁이 격화되는 가운데, 한국의 대 아세안 전략은 기존의 강대국 중심 외교에서 벗어나 외교 지평을 동남아시아 등 신흥 지역으로 다변화하는 방향으로 전환되어야 한다. 신남방정책과 한-아세안 연대전략 등 이전 정부가 구축한 협력의 성과는 대승적 차원에서 계승·발전시켜야 하며, 이를 통해 정책의 연속성과 외교적 신뢰를 확보할 필요가 있다. 최근 동남아 주요국의 정권 교체 및 한국의 새 정부 출범은 이러한 협력 연속성을 제도화할 수 있는 적기이다.

새 정부는 민주주의 회복과 중견국으로서의 위상을 바탕으로, 한국-아세안 협력관계를 기존의 경제·안보 중심에서 기후변화,

디지털 전환, 보건, 인적교류 등 다분야로 확장하는 계기로 삼아야 한다. 특히 한반도 평화를 위한 아세안의 제도적 기여를 구체화할 필요가 있다. 아세안지역안보포럼(ARF)을 활용한 남북대화 재개 촉진, 아세안 비핵지대조약의 동아시아 확대 적용 등은 한반도 비핵화 지지와 실질적 협력의 제도적 기반이 될 수 있으며, 이는 평화를 위한 전략적 공조의 핵심 기둥이 될 것이다.

안보협력에 있어 한국은 방산수출 중심의 단기 접근을 넘어, 법치, 인권, 투명성과 같은 가치를 기반으로 한 점진적 협의 채널을 통해 신뢰를 구축해야 한다. 윤석열 정부의 가치외교가 일방적 동맹 중심으로 인식된 점을 감안할 때, 새 정부는 사람 중심, 문화 중심의 수평적 외교, 인간안보적 접근 방식으로 전환해야 한다. 민주주의와 법치, 인권이라는 기본 가치를 공유하되, 아세안 각국의 정치문화적 특수성과 다양성을 고려한 유연한 조율이 필요하다.

사람 중심, 문화 중심 외교를 통해 관계의 기반을 강화하는 동시에, 고등교육 협력의 고도화를 통해 지식 생태계의 공동 발전을 도모할 수 있다. 한-아세안 공동학위 및 연구 프로젝트, 청년 인턴십 교환제도, 아세안 지역학 진흥, 도서관 협력망 구축 등은 상호 인적 기반 확대의 토대가 된다. 또한 노동·이주 분야에서는 이주노동자의 권익 보호, 상호 해외취업 지원체계 마련 등을 통해 포용적 경제협력과 사회적 연대를 강화할 수 있다.

문화·인적교류 확대는 신뢰 형성의 또 다른 축이다. 청년 문화인 공동 프로젝트, 예술 레지던시, 콘텐츠 공동 제작, 아세안 문화원의 분원 확대 및 상호 설치 등은 장기적 유대 강화를 위한 실천적 수단이 될 수 있다. 사회적 기업 간 협력은 지속가능한 공동체 기반 조성에도 기여할 수 있다. 여성·평화·안보 의제를 중심으로 한 아세안과의 안보협력도 중요하다. 성인지 감수성을 반영한 갈등 예방 및 평화구축 협력 프로그램을 기획하고, 과거 한국이 기여했던 동아시아 협력 프레임을 재활성화할 필요가 있다. 이를 위해 아세안+3 협력체의 기능 회복과 2027년 협력 30주년을 계기로 한 한국의 주도적 역할 확대가 요구된다.

향후 한국은 아세안을 단순한 '센터피스'가 아닌 '공동 전략 파트너'로 인식하고, 협력의 연속성과 상호성에 기반한 다층적 협력체계를 구축함으로써 평화·공영·포용이라는 3대 협력 목표를 실질적으로 구현해 나가야 한다.

한-아세안 협력의 전략성과 지속가능성을 높이기 위해 대통령실 산하에 부처 간 조정과 사업 식별 기능에 중점을 둔 특별위원회 설치가 필요하며, 정량 실적 중심의 접근에서 벗어나 가치지향적 성과평가 체계로의 전환이 요구된다. 또한 민간과 아세안 측의 참여를 확대하여 다층적 협력 거버넌스를 구축하고, 전담조직 보강, 공동이행 점검 체계 마련, 기금운용의 투명성과 전략성 강화를 통해 협력체계의 제도화를 추진해야 한다. 이를 통해 한국의 대 아세안 외교는 단기적 실적에 치우치지 않고, 구조적 변화와 상호성과 포용성을 중시하는 지속 가능한 협력 모델로 전환될 수 있다.

4. 한국과 유럽, 어떻게 협력의 시너지를 극대화 할 것인가?

(1) 미중 전략경쟁 시대, 유럽의 포지션과 역할

'시나트라 독트린(Sinatra Doctrine)'은 고르바초프 서기장 시절 발표된 소련의 외교정책으로, 동유럽의 바르샤바 조약 회원국들이 국내 문제에 대해서 소련의 개입 없이 스스로 결정해야 한다는 의미를 내포했다. 그런데 미중 전략경쟁이 점차 심화되는 시기, EU의 대외정책을 총괄하는 호세프 보렐(J. Borrell) 외교·안보 정책 고위대표를 통해 시나트라 독트린이 재소환됐다. 보렐은 EU가 자신의 가치와 이익을 지키기 위해서는 설령 미국이 추구하는 가치나 이익과 일치하지 않더라도 EU의 독자적 길을 가야 한다고 강조했다.

보렐은 이 독트린이 다음 두 가지 원칙에 기반을 두고 있다고 설명한다. 첫째는 중국과의 협력 지속이다. 특히 기후위기, 지역 분쟁, 개발, 보건위기 등에 있어서 중국과의 협력을 강조한다. 다른 한편으로 유럽의 가치와 이익을 증진하고 필요한 자율성을 보장하기 위해 EU의 전략적 주권을 강화해야 한다고 주장한다. 결국 미중 전략경쟁 시대에 EU는 미국과 중국 어느 쪽의 손을 들어주지 않고, 전략경쟁에 관여하거나 개입되지 않겠다는 전략적 포지션을 선정하고 있다. 과거 대서양 관계에 기반을 두고 미국 정책의 강력한 지지자 역할을 해왔던 EU의 포지션을 벗어나겠다는 의도이다.

무엇보다도 중국에 대한 정책에서 미국과 차별성이 두드러진다. EU는 2019년 발표한 대 중국 전략 문서에서 중국을 EU가 협력할 전략적 파트너이자 동시에 경쟁자라고 규정했다. 핵심은 중국을 일방적 배척 대상이 아닌 협력 가능 국가로 규정하고 있다는 점이다. 아울러 지난 트럼프 1기 행정부 출범 이후 관심과 논란의 대상이었던 전략적 자율성 강화의 필요성도 여전히 강조되고 있다. 어떤 분야에서 어느 정도까지 자율성을 강화할 것인가에 대해서는 회원국 간 입장 차이가 있지만, 중국뿐만 아니라 미국에 대한 의존도를 낮춰 자율성을 확보하는 것이 필요하다는 공감대는 어느 정도 형성되어 있는 상황이다.

트럼프 2기를 맞이하여 EU의 포지션과 역할은 변화될 가능성이 있을까? 현재 트럼프 정부는 EU와 중국을 포함한 여러 국가를 상대로 관세 압박을 통해 미국의 이익을 관철하려 하고 있다. 트럼프 1기 당시 불거졌던 NATO 유럽 회원국들의 방위비 분담금 문제를 둘러싼 갈등은 아직은 표면화되고 있지는 않다. 그러나 무역분쟁에서 시작해서 안보 이슈로 확산되는 미국과 EU의 갈등 양상은 동일하게 반복될 것으로 보인다.

문제는 EU의 대응도 과연 동일할 것인가이다. 트럼프 1기 때와 마찬가지로 트럼프 2기 행정부의 관세 부과에 EU는 표면적으로 보복하겠다는 태도를 보이고 있다. 관세에 직간접적 영향을 받는 다른 국가들이 EU가 트럼프의 관세 정책에 보다 강력히 대응하기를 바랄 수도 있다. 중국이 EU보다 강경한 보복 대응 태도를 견지하고 있고, 소위 반트럼프 연합 전선을 구축하려 시도하고 있지만, 미중 경쟁 구도 속에서 대부분의 국가는 중국의 입장에 선뜻 동조하기 어렵기 때문이다.

EU의 정책 대응 기조는 트럼프 1기 때와 별반 다르지 않으리라고 전망된다. 미국의 관세 조치에 대한 즉각적인 보복 대응을 발표하면서도, 결국 협상을 통한 해결을 강조하고 있기 때문이다. 물론 미국에 대한 보복 조치를 위해서는 EU 회원국들의 단합이 필요한 상황에서, 국가별로 이해관계가 다르다는 근본적인 이유도 있다.

핵심은 중국이라는 변수에 대한 고려라고 할 수 있다. 트럼프 1기 당시 중국은 EU에게 미국의 관세 공세에 맞선 공동 대응 필요성을 제안했지만 EU는 거절했다. 그리고 트럼프 2기 행정부의 관세 폭탄에 맞서기 위해 중국과 EU는 공동 전선을 모색할 것으로 보였지만, 오히려 EU는 중국산 제품에 대해 반덤핑 및 반보조금 관세를 부과하는 결정을 내렸다. EU와 중국이 공조보다는 균열의 조짐을 보이고 있는 것이다. 미국이 EU와 협상을 타결하는 조건 중 하나로 중국과의 탈동조화를 요구했기 때문이라는 분석도 있다.

이처럼 관세 정책을 포함한 미국의 전반적인 대외정책의 핵심은 중국에 대한 견제다. 그러나 EU는 미중 경쟁에 관여할 필요도 없고, 관여할 의도도 없다. 비록 중국의 불공정한 무역관행, 비시장적 경제 시스템, 러시아의 우크라이나 침공에 대한 태도, 인권 문제 등에 있어 중국에 비판적이지만, EU는 미국의 대 중국 정책에 동의할 수 없다는 점을 분명히 하고 있다. 그럼에도 EU는 중국과 협력보다는 미국과의 분쟁 해결에 우선 순위를 두고 있다. 물론 중국과의 협력, 특히 경제적 협력과 글로벌 이슈에 대한 협력은 필요하며, 중국도 최소한 EU와의 협력 관계를 유지하려 함을 EU는 인지하고 있다.

EU가 아닌 다른 국가가 이와 유사한 포지션을 취하고 있다면 과거 한국이 그랬던 것처럼 전략적 모호성이라고 규정했을 수도 있다. 그러나 EU이기에 시나트라 독트린에 빗대어 EU는 EU가 가야 할 길을 갈 것이다라고 해석할 수 있다. 이에 더해 중국뿐만 아니라 미국에 대한 경제적·안보적 의존도를 낮추려는 논의는 더욱 활발해질 수밖에 없어 보인다. 물론 회원국들 간 정치적 합의가 여전히 가장 큰 걸림돌로 남아있음은 틀림없다.

(2) 유럽의 전략적 자율성이 주는 교훈

2025년 3월, 유럽 집행위원회는 '유럽 방위태세 2030 공동백서'를 발표했다. 이 백서는 EU에 대한 위협 평가, 안보 우위, (안보) 역량 격차 등을 언급하며 유럽 방위 태세 강화 필요성을 강조하고 있다. 그러나 문제는 이러한 필요성이 수년 동안 지속적으로 반복됐던 이슈였지만 여전히 필요성의 반복에 머물러 있다는 점이다. 2017년 1월 트럼프 대통령 취임 이후 미국은 유럽과의 협력을 통해 만들어 왔던 다자협의 틀을 거부하면서 파리 기후변화 협정과 이란 핵 합의에서 탈퇴했다. 보다 근본적으로 트럼프의 미국은 자유주의 국제질서의 핵심 요소인 다자주의를 부정하고 양자주의 외교정책으로 전환했다. 이는 단순히 EU에 대한 고율 관세 부과에 그치지 않고 NATO의 분담금 문제를 둘러싼 미국과 EU의 갈등으로 확산되었다. 이러한 상황에서 프랑스 등 일부 회원국들을 중심으로 제기되었던 이슈가 전략적 자율성 강화였다.

트럼프 1기 시기 전략적 자율성 논의의 시작은 안보 문제를 중심으로 이루어졌다. 그러나 전략적 자율성 강화가 미국과의 분리 혹은 대서양 동맹의 약화와 훼손을 초래할 수 있다는 논란이 불거졌고, 그리고 회원국 간 다양한 이견이 표출됐다. 이런 이유로 EU는 공급망, 에너지 전환, 통상 등으로 범위를 확대한 '개방형 전략적 자율성' 추구로 기조를 전환했다. 그 결과 안보 및 방위 분야에서는 특별한 성과를 남기지 못했다.

트럼프 2기 시대에 들어와 EU의 전략적 자율성 강화 필요성은 또다시 강조되고 있다. 지금의 트럼프 정부는 관세 폭탄과 함께 유럽의 방위비 분담금 지출 인상을 더욱 강력하게 요구할 것이 틀림없어 보인다. 이미 EU 내에서는 지난 80년 동안 유럽 방위 수단이었던 대서양 안보 동맹으로부터 미국의 철수에 대비해야 한다는 목소리가 나오고 있다. 방위백서에서도 미국 대외정책의 초점이 유럽에서 다른 지역으로 전환되었으며, 미국이 유럽의 핵심 안보 보증자로서의 역사적 역할을 축소할 것임을 명확히 하고 있다.

현 상황에서 EU가 직면한 가장 큰 도전은 과연 어떻게 EU 스스로 안보를 책임질 것인가이다. EU는 안보 및 방위 부분에서 미국에 대한 의존에서 벗어나 자율성을 확보하는 방안을 유럽 방위산업의 역량 강화와 이를 통한 유럽의 재무장이라고 밝히고 있다. 이를 위해 방위산업 육성, 회원국의 군사 역량 강화와 8,000억 유로 규모의 유럽 재무장 계획 등이 유럽 방위백서에 포함됐다. 그러나 이번에도 계획한 목표 달성은 쉽지 않아 보인다. 재원 조달 가능성부터 의문이 제기되고 있으며 회원국 간 공동 조달을 둘러싼 갈등도 유럽의 안보 자율성 강화에 장애물이다. 고질적 장애물인 회원국 간 이견, 특히 중동부 유럽 국가들의 EU 안보 역량에 대한 의구심과 이에 따른 미국과의 안보협력 강화 주장 등을 어떻게 극복할 것인가는 안보 및 방위 분야에서 전략적 자율성 강화의 성패를 판가름하는 요소가 될 것이다.

트럼프 1기 행정부 이후 전략적 자율성 강화 필요성은 지속적으로 제기돼 왔다. 대서양 관계의 훼손과 러시아의 우크라이나 침공은 그 필요성을 더욱 부각시켰다. 미국의 전 세계적 영향력이 축소되고 있음은 엄연한 사실이지만, 유럽이 지난 80여 년간 누려온 평화, 그리고 미국이 언제나 유럽의 안보 지킴이가 되어줄 것이라는 믿음은 당연한 것으로 받아들여졌다. 그래서 필요성에도 불구하고 그 필요성을 현실화시키기 위한 정치적 합의가 이루어지지 못했다. 안보 및 방위 분야에서의 전략적 자율성 강화의 실패가 결국 지금 유럽이 겪고 있는 안보 불안의 핵심 요인인 것이다.

(3) 한국과 유럽의 연대를 통한 외교 다원화

한국의 외교정책 방향을 논의할 때마다 빠지지 않고 등장하는 주제는 한국 외교의 다변화다. 노태우 정부가 추진한 북방외교로 한국은 1989년 헝가리 수교를 시작으로 1990년 구소련, 그리고 1992년 중국과의 수교라는 성과를 이뤄냈다. 냉전의 틀에서 미국과 일본에 편중되었던 한국 외교의 지평을 넓혔던 업적으로 평가받고 있다. 북방외교 이후 한국의 외교는 또다시 미국, 중국, 일본, 러시아라고 하는 4강 외교의 틀에 갇혔다. 물론 새로운 정권이 들어설 때마다 유라시아나 동남아시아 지역으로의 외교 다변화 또는 아프리카나 남미 등의 새로운 시장 개척 등이 외교정책 목표로 제시됐지만, 지속적인 정책으로 추진되지는 못했다. 그리고 지난 윤석열 정부의 외교정책은 오히려 정책 범위를 더욱 축소하여 한국의 외교 대상은 미국과 일본 이외에는 존재하지 않는 듯한 모습을 보여주었다.

비록 한국 외교의 다변화 필요성이 제기되었으나 구체적 성과는 창출하지 못했으며, 특히 다변화 대상 중 정책 방향이나 목표가 뚜렷이 제시되지 않은 지역이 바로 유럽이다. 한국에게 유럽은 주요 수출 시장 정도로만 인식됐고, EU도 정치적, 경제적, 혹은 외교·안보적 차원에서 한국을 중요한 외교 대상으로 고려하지 않았다. EU는 자유주의적 국제질서를 유지하고자 했고, 그 질서의 틀에서 다자주의, 법치주의, 자유무역 등을 복원시키려고 했다. 한국도 자유주의 질서의 내부에서 안정과 번영을 이룩했다. 그럼에도 한국과 EU는 공동의 목표를 달성하기 위한 협력 대상은 아니었고, 앞으로도 협력의 유인은 크지 않아 보인다. EU는 다른 협력 대상국을 찾고 있고, 한국은 여전히 기존의 틀에 갇혀 미국만을 주시하고 있다.

그러나 현재 한국이 직면한 외교적 위기 상황은 EU가 마주하고 있는 상황과 상당히 유사하다는 점이 중요하다. 정도의 차이는 있지만, 한국과 EU는 안보를 미국에 의존하는 비대칭동맹 관계이며, 양측 모두 안보 문제에 있어 미국의 역할 변화 가능성 대두로 우려의 목소리가 높다. 안보 및 방위 분야에서 전략적 자율성 강화 목소리가 미국과의 결별 혹은 주둔 미군의 감축이나 철수 주장으로 오인되어 반대 여론도 심각하다. 경제안보 관점에서도 특정 국가에 대한 의존도를 낮추는 전략적 자율성을 확보해야 한다는 점도 한국과 EU 양측이 공통으로 가지고 있는 정책 목표이다. 한국과 EU 양측은 무역분쟁, 기술 경쟁, 군사안보, 그리고 기후변화에 이르기까지 미중 간 대결 구도로 인한 전이효과에 직접적으로 영향을 받고 있다. 이런 점에서 미중 전략경쟁 시대에 EU의 가치와 이익을 보호하기 위한 EU만의 길을 가겠다는 전략도 한국이 일정 부분 공조할 수 있다. 트럼프 행정부의 관세 폭탄 정책에 대응하기 위해 무턱대고 중국과 공조할 수 없는 한국의 처지에선 중국과의 연대를 택하지 않은 EU와의 협력 방안 강구가 국내 여론 설득에도 유리하다. 어차피 미국 대외정책의 최종 목표가 중국이라는 점에서 미국의 이해를 구하기도 용이해 보인다.

여러 측면에서 한국과 EU는 공통의 가치와 원칙을 공유하는 '유사 입장국'이다. 그렇기에 정책 수립에 있어 발상의 전환이 필요하다. 한국 외교가 유럽과의 협력을 획기적으로 강화하는 '유럽으로의 회귀(Pivot to Europe)'는 단순히 교역이나 인적 교류 증대 수준에 머무는 것이 아닌 외교 및 안보 분야를 망라한 다양한 분야에서 높은 수준의 연대 방안을 마련해 나가야 한다. 최근 EU가 역내 방위산업 발전을 최우선 목표로 삼고 있다는 점에서 방위산업 분야에서 더욱 적극적인 연대 구축이 한 방법이 될 수 있다. 이와 더불어 EU가 추진하는 정책 중 한국이 우수한 기술력을 확보한 분야(반도체, 수소 에너지, 배터리 등), 그리고 공동의 관심사인 기후변화 관련 산업, 인공지능 등의 분야에서도 전략적 자율성 확보라는 공동의 목적을 위해 협력할 수 있다. 더 이상 외교정책 다변화나 유럽과의 협력 강화라는 레토릭 수준의 정책 발표에 그쳐서는 안 된다. 미중 전략경쟁 심화와 트럼프 2기 행정부 출범이 초래한 글로벌 경제 및 안보 불안은 한국과 EU의 긴밀한 연대 필요성과 가능성을 입증하고 있다.

5. 글로벌사우스의 부상, 우리의 강점과 전략은 무엇인가?

(1) 미중 전략경쟁 속 글로벌사우스의 중요성

미중 전략경쟁이 세계질서의 다극화와 맞물리면서 글로벌사우스의 역할과 영향력이 날로 증대되고 있다. 주지하다시피 글로벌사우스는 단순한 지리적 구분을 넘어 개발도상국 및 신흥국들의 집합체로 볼 수 있으며, 이 중 적지 않은 국가들은 인구 증가와 경제성장, 풍부한 천연자원 등을 바탕으로 국제 무대의 주요 행위자로 부상 중이다. 미래의 소비시장으로서 지닌 잠재력역시 매우 크다. 기후변화와 전염병 대응, 공급망 안정 등 세계적인 문제 해결에 있어서도 글로벌사우스 국가들과의 협력 없이최선의 결과를 기대하기란 사실상 어려운 상황이다.

미중 양국은 안정적인 공급망 확보, 에너지·식량안보, 신흥시장 개척, 그리고 군사거점 확보 차원에서 글로벌사우스 국가들과의 관계 강화에 공을 들이고 있다. 미국은 2022년 G7 정상회의를 계기로 출범한 글로벌 인프라·투자 파트너십(PGII)을 통해글로벌사우스 등 개발도상국에 대한 대규모 인프라 투자 구상을밝혔다. 여기에서 미국은 청정에너지, ICT, 양성평등, 의료·건강등 4대 우선순위 투자 분야에 대해 2027년까지 총 2천억 달러를 동원할 것이라는 목표를 제시했다.

반면, 중국의 경우 트럼프 제2기 행정부의 미국 우선주의로인한 공백을 틈타 글로벌사우스에 대한 유화적인 접근을 대폭강화하고 있다. 글로벌사우스를 더 이상 침묵하는 다수가 아닌국제질서 변화의 핵심 세력으로 인식하는 중국은 동질성, 다원주의, 규범과 규칙 등 세 가지 차원을 중심으로 글로벌사우스에대한 적극적인 구애에 나서고 있다. 특히 동질성 측면에서 중국은 글로벌사우스 국가들과 역사(서구 열강으로부터 침략을 당한 경험), 이데올로기(마오쩌둥의 제3세계론), 경제(개발도상국 지위) 등 세 가지 측면에서비슷한 경험을 가지고 있다고 강조하며, 이를 기반으로 미국 주도의 국제질서에 대항하는 3대 글로벌 이니셔티브(안보, 발전, 문명)라는 구체적인 구상을 제시하기까지 했다.

미중의 이러한 행보는 글로벌사우스가 갖는 국제적 지위와 위상을 높이는 한편, 머지 않은 미래에 강대국 간 잠재적 경쟁의 장이 될 수도 있음을 시사한다. 다만 현 시점에서 많은 글로벌사우스 국가들은 미중 간 경쟁이 심화되는 국면 속에서 특정 진영에 일방적으로 편승하기보다는, 자국의 이익을 극대화하기 위해 양측 모두와 적절한 협력관계를 유지하며 전략적 자율성을 극대화 중인 것으로 평가된다.

(2) K-소프트파워를 통한 차별화 전략 수립

글로벌사우스의 부상은 한국 외교에 새로운 도전 요인이지만, 한편으로는 우리가 그간 쌓아온 발전 경험과 역량을 국제사회에 기여하고 또 국익을 극대화할 수 있는 매우 중요한 기회로도 작용할 것이다. 한국은 국제사회의 책임 있는 중견국으로서 글로벌사우스의 위상 변화를 기민하게 포착하고 이들과의 건설적인 협력 관계를 한 단계 높은 수준으로 끌어올려야 한다. 이 과정에서 한강의 기적으로 대표되는 발전 경험, 수혜국에서 공여국으로 전환한 유일한 국가로서의 위상, K팝으로 대표되는 문화콘텐츠 등을 포괄하는 소위 'K-소프트파워'는 글로벌사우스 국가들과의 협력 과정에서 귀중한 전략적 자산으로 활용될 수 있다. 구체적으로 다음과 같다.

첫째, 한강의 기적으로 대표되는 한국의 발전 경험은 압축적인 경제성장과 민주주의로의 전환이 상호 영향을 주고받으며 진행됐다는 특징을 가지고 있다. 이 과정에서 지난 수십 년간 축적된 한국만의 노하우는 글로벌사우스 국가들의 귀감이자 모델 역할을 할 수 있다. 일례로 경제구조의 다각화 및 산업 발전을 꾀하는 글로벌사우스 국가들에게 우리는 경제 개발 5개년 계획의 수립 과정, 산업 육성 정책, 지역개발 경험 등을 공유해 줄 수 있을 것이다. 외환위기 등 난관을 헤쳐 나온 한국의 경험은 유사한 문제에 직면한, 혹은 직면할 수 있는 글로벌사우스 국가들에게 위기관리 능력의 함양에 대한 깊은 통찰을 제공할 수 있다. 한편 민주화 과정에서 우리가 얻은 지식과 교훈은 민주주의를 향해 나아가거나 민주주의 심화를 모색하는 글로벌사우스 국가들에게 중요한 참고 자료가 될 것이다. 더불어 경제발전과 민주주의 발전 과정에서 발생할 수 있는 사회적 갈등을 관리하고 해결해 나갔던 경험 역시 글로벌사우스 국가들의 사회 통합과 안정에 기여할 수 있다.

둘째, 한국은 수혜국에서 공여국으로 전환한 유일한 국가로서, 국제사회에서 독특한 위상을 점하고 있으며 이는 글로벌사우스 국가들과의 협력에서도 독보적인 강점으로 작용할 수 있다. 무엇보다 전쟁의 경험, 절대적 빈곤 속에서 국제사회의 원조에 의존했던 경험은 비슷한 현실에 처해 있는 국가들에게 협력의 진정성을 제공하는 토대로서 작용할 것이다. 또한 공여국으로서 글로벌사우스의 다양한 필요와 우선순위를 더욱 정확하게 파악하고, 수원국 중심의 맞춤형 개발협력 프로그램을 설계하는 데 기여할 수 있다. 교육과 보건, 농업 등 분야에 대한 집중적인 지원에도 보탬이 될 것이다. 더불어 한국이 짧은 시간에 이룩한 성과 역시 글로벌사우스 국가들에게 강력한 희망과 동기를 부여해 줄 수 있으며, 나아가 현실적인 롤모델의 역할도 할 수 있다.

셋째, K팝, 드라마, 영화, 웹툰 등으로 대표되는 한국의 문화 콘텐츠 산업은 이미 글로벌사우스 국가들에서도 폭넓은 팬덤을 형성하며 강력한 영향력을 발휘하고 있으며, 이는 한국-글로벌사우스 협력의 윤활유 역할을 할 수 있다. 특히 우리가 지닌 문화적 파급력을 활용하여 한국어 교육 기관 설립 및 지원, 한국 문화 프로그램 신설 등 공공외교 전략을 전개하는 것이 중요하다. 다만 단순히 한국 문화를 일방적으로 전파했던 이전과는 달리, 상대 국가의 문화에 대한 진정한 존중과 이해를 바탕으로 상호 간의 공감대를 형성하는 것을 목표로 협력을 추진해야 할 것이다. 글로벌사우스 국가와의 공동 문화 콘텐츠 제작 등을 통한 쌍방향 문화 교류를 확산 또한 역시 고민해 볼 필요가 있다.

(3) 권역별 세부 협력 방향 정립

글로벌사우스는 아시아와 아프리카, 중남미, 중동 등 광범위한 지역에 걸쳐 있으며 경제 발전 수준, 정치 체제, 문화적 특성, 그리고 한국과의 관계 역시 상이하다. 즉, 효과적인 협력을 위해서는 평화·공영·포용의 틀에서 우리가 지닌 장점을 극대화하고 권역별 특성을 세심히 고려한 실질적인 협력 방향을 정립해야 한다.

먼저 글로벌사우스 국가들과의 안정적이고 예측이 가능한 협력 관계를 구축하기 위해서 다양한 수준의 정례적인 대화 채널을 마련하는 데 역점을 둘 필요가 있다. 기존에 운영되고 있는 협의체는 그 기능과 역할을 대폭 강화하여 실질적인 성과를 도출하는 장으로 만들어야 할 것이다. 대표적으로 한-아프리카 정상회의와 같은 권역별 정상급 회의체는 정례화를 통해 아프리카 대륙 국가들과의 정치적 유대감을 강화하고, 아프리카의 역동적인 성장을 위한 한국의 기여 방안과 상호 호혜적인 협력 기회를 모색하는 창구로 활용해야 한다. 이를 통해 아프리카 국가들의 발전 파트너로서 맞춤형 개발 협력을 추진하고, 인프라 구축, 에너지 개발, 농업 생산성 향상 등 실질적인 협력 사업을 발굴하고 추진해야 할 것이다.

또한 한국 외교의 지평을 넓히고 새로운 협력 기회를 창출하기 위해 전략적 중요성이 증대되는 권역과는 새로운 정상급 협의체를 추진하는 것이 중요하다. 유라시아 대륙의 핵심 연결고리 역할을 하는 중앙아시아 국가들과 한-중앙아시아 정상회의 신설을 통해 이들 국가와의 관계를 전략적으로 관리하고, 에너지·교통·물류 네트워크·IT·보건 등 다양한 분야에서의 협력을 확대해야 한다. 넓은 시장과 자원을 가진 라틴아메리카 역시 한국과의 협력 잠재력이 매우 크다. 핵심 광물 공급망 다변화, 재생에너지 협력, 미래 먹거리 발굴 등의 협력을 강화하기 위한 한-라틴아메리카 정상회의 신설 역시 적극 추진할 필요가 있다. 물론 정상급 협의체 외에도 외교, 산업, 개발 협력, 보건, 환경 등 다양한 분야에서의 장관급 및 실무급 양자 및 다자 대화 채널을 확충하고 정례화하는 데도 힘을 쏟아야 할 것이다.

글로벌사우스 국가들과의 권역별 협력은 무엇보다도 상호보완의 협력 관계를 확대하는 것을 기본 원칙으로 삼아 추진할 필요가 있다. 다시 말해 일방적인 원조 관계가 아닌 상호보완과 호혜를 핵심 가치로 삼는 파트너십 구축을 지향해야 할 것이다. 이런 전략의 성공적인 이행을 통해 한국은 다음과 같은 구체적인 기대 효과를 노려볼 수 있다.

첫째, 강대국에 대한 의존도를 감소시킬 수 있다. 글로벌사우스 국가들은 한국의 새로운 시장이자 공급망 다변화의 중요한 파트너로서, 특정 국가에 대한 과도한 의존에서 벗어나 다양한 국가들과의 관계를 강화함으로써 한국 외교의 전략적 자율성을 확보하고 경제 안보의 취약성을 줄여줄 수 있다. 특히 핵심 광물 등에 대한 공급처를 다변화하고, 수출시장을 넓힘으로써 잠재적인 외부 충격에 대한 한국 경제의 회복력을 높여주는 방파제로서의 역할도 해줄 것이다.

둘째, 초국가적 이슈에 대한 상호협력을 증진함으로써 국제사회의 책임있는 중견국으로서 한국이 지닌 위상을 증대시킬 수 있다. 상술하였듯이 기후변화, 보건위기, 사이버안보 등 인류 공동의 문제 해결에 있어 글로벌사우스 국가들과의 협력은 선택이 아닌 필수가 되고 있다. 한국은 이들 국가와의 공감대를 형성하고 국제공조를 주도함으로써 글로벌 이슈 해결에 실질적으로 기여하고, 국제사회에서 책임감 있게 기여하는 국가로서의 위상을 강화해야 한다. 이는 결국 글로벌 거버넌스 형성 과정에서 한국의 영향력 확대에도 기여할 것이다.

마지막으로 글로벌사우스와의 협력은 한국 외교의 지속성, 유연성, 안정성을 확대함으로써 평화·공영·포용의 큰 외교를 추진할 수 있는 토대로 작용할 수 있다. 다양한 정치 체제, 경제 수준, 문화적 배경을 가진 국가들과의 관계를 안정적으로 관리함으로써 외부 환경 변화에 대한 한국 외교의 취약성을 줄이고, 보다 유연하고 능동적인 외교 정책을 추진할 수 있는 여지를 확보해야 할 것이다. 즉 단기적인 성과보다는 장기적인 관점에서 한국의 국익을 안정적으로 증진하는 데 주력해야 하며, 이 과정에서 글로벌사우스와의 신뢰와 호혜에 기반한 관계는 변덕스러운 국제 정세 속에서도 흔들리지 않는 한국 외교의 든든한 자산이 될 것으로 기대된다.

7부

남북 적대의 시대, 한반도 평화를 위한 새로운 남북관계 확립

1. 남북관계와 한반도 평화, 무엇이 문제인가?

(1) 남북관계의 단절과 대립 진단

현재 남북관계는 역대 최악의 상황으로 악화되어 그간 진행된 남북대화, 교류협력 등 모든 사업이 단절된 상태다. 2018년 12월 남북 체육분과회담을 끝으로 남북회담은 진행되지 못하고 있다. 윤석열 정부 출범 이후 2025년 5월 현재까지, 1971년 8월 남북 적십자 접촉이 이뤄진 이래 최장 기간인 36개월째 남북회담이 열리지 않고 있다. 윤석열 정부는 박정희 정부 이래 남북 당국 회담이 한 번도 열리지 못한 유일한 정부로 기록됐다. 2021년 이후 사람과 차량의 왕래가 완전히 멈췄고, 2023년 이후부터는 남북교역 건수도 전무한 상황이다. 1995년부터 이어져 온 정부와 민간 차원의 인도적 지원 또한 북한의 거부로 2024년에는 한 건도 진행되지 못했다. 이처럼 남북 간의 모든 협력 사업이 완전히 단절된 상황이다.

남북관계의 단절은 불신과 대립을 증폭시켰다. 특히 윤석열 정부는 2023년 '신통일미래구상', 2024년 '통일 독트린'을 통해 이른바 '자유의 북진'을 추진하며 북한의 제도와 체제를 부정하고 붕괴시키겠다는 전략을 내세웠다. 북한도 2023년 말 남북관계를 '적대적 두 국가 관계'로 규정하면서 민족 개념을 제거하고 형식상의 대화나 협력조차 거부했다. 남과 북이 서로를 향해 적대적이고 공격적인 언사를 주고받으며 상호 불신과 대립이 악화되고 있다.

2025년 현재 남북관계는 '뜨거운 갈등(hot conflict)' 관계로 규정할 수 있다. 단순한 갈등 관계를 넘어선 적대적 갈등 관계로, 언제든지 무력충돌이 일어날 수 있는 위험한 관계라는 의미이다. 따라서 우발적인 충돌이 전쟁으로 격화되지 않도록 관리와 조절이 가능한 남북관계, 즉 '차가운 평화(cold peace)' 관계를 형성하기 위한 노력이 우선적으로 필요하다. 차가운 평화 단계로 진입하기 위해서는 상호 적대행위 금지 등 적대성을 완화하고 신뢰를 형성할 수 있는 조치에 집중할 필요가 있다.

남북 간 차가운 평화 관계는 2000년대 이후 남북 교류협력이 본격적으로 이뤄진 시기에 형성된 관계와 유사한 것으로 이해할 수 있다. 당시 남북 간 교류협력 속에서 신뢰를 형성하기 위해 노력했던 경험, 우발적인 충돌이 일어나더라도 상호 갈등을 조정할 수 있는 제도적 장치를 마련했던 경험을 되살릴 필요가 있다. 이를 토대로 향후 지속가능한 평화통일체제를 형성하기 위해서는 남북 간 완전한 평화를 의미하는 '뜨거운 평화(hot peace)' 관계가 달성되도록 노력을 기울여야 한다.

새로운 남북관계는 변화된 정세와 시대상을 반영해 기존의 문법과는 다른 방식으로 정립돼야 한다. 새로운 남북관계 패러다임은 첫째, 기존의 대북정책과 인식에 대한 철저한 성찰에서 출발해야 한다. 특히 북한 체제의 붕괴를 전제로 한 일방적인 인식과 태도를 벗어나야 한다. 둘째, 북한 문제로 인해 발생하는 구시대적인 남남갈등 상황을 극복할 수 있는 방안을 마련해야 한다. 북한 변수로 인해 한국의 정치적 상황이 흔들리거나, 이념적 대립이 발생하는 비생산적인 상황을 지양하고 실용적이고 현실적인 접근을 추구해야 한다. 이를 바탕으로 상호 협력과 이익을 창출할 수 있는 새롭고 다양한 분야와 내용들을 적극적으로 발굴해야 한다.

(2) 통일에 대한 한국인의 인식과 현황

통일에 관한 국민인식 조사결과에 따르면, 2010년대 중반까지는 통일이 필요하다는 인식이 절반 이상을 차지했다. 하지만 한반도 평화프로세스 실패, 북핵 위협 증가 등으로 남북관계가 피로감을 야기하면서 이런 인식에 변화가 나타나기 시작했다. 서울대 통일평화연구원 조사에 따르면, 2021년 통일에 대한 찬성 입장이 50% 이하로 떨어져 44.3%를 기록했다. 2024년에는 36.9%까지 하락했다. 반면, 통일이 필요하지 않다는 인식은 지속적으로 증가했다. 북한 역시 2023년 말 적대적 두 국가 관계를 선언하며 통일의 당위성과 필요성을 부정하고 있다.

한국인들이 통일에 대해 부정적인 인식을 나타내는 이유는 다음과 같이 정리할 수 있다.

첫째, 통일로 인한 경제적 부담 증가를 우려하기 때문이다. 통일이 한국 사회에 이익이 될 것이라는 인식은 지속적으로 줄어들고 있다. 상호 공감대가 부족한 상황에서 북한에게 통일비용을 지불해야 할 필요성을 느끼지 못하는 것이다. 통일 이후 세금이 오르거나 일자리를 뺏길 수 있다는 불안감도 함께 작용한다.

둘째, 통일로 인한 사회적 혼란의 우려다. 통일이 되면 북한과의 이념 갈등, 지역갈등, 빈부격차 등 다양한 사회문제가 발생할 수 있다는 인식이다. 2024년 서울대 통일평화연구원 조사에 따르면 통일이 개인 차원에서 이익이 되지 않는다는 응답이 76.8%를 기록했다. 특히 통일 이후의 복지비용 증가, 범죄 증가 등 부정적 전망을 미디어가 과장해 전달하는 것도 이러한 불안감을 증폭시키는 듯하다.

셋째, 북한을 같은 민족이라기보다 이질적 타자로 인식하는 경향이 확산되고 있다. 반세기 이상 지속된 분단으로 인해 남과 북의 공통점은 줄어들었고, 이념·체제·생활방식 등에서 차이점이 증가하고 있다. 아울러 핵개발, 군사도발, 인권 문제 등으로 인해 북한에 대한 부정적 이미지, 후진적 이미지가 고착화되고 있다.

넷째, 남북 교류협력과 왕래가 중단되면서 북한과의 현실적 거리감이 커진 상황이다. 실제 북한을 직접적으로 경험한 적이 있는 국민의 비율이 감소하고 있으며, 특히 20~30대 청년세대는 북한에 대해 이질감이 크다. 남북 간 왕래, 교류 등 실질적 접촉과 경험이 없는 상황에서 북한과의 통일은 비현실적인 이야기로 느껴질 수밖에 없다.

다섯째, 정책의 일관성 부족도 하나의 이유가 될 수 있다. 정권이 바뀔 때마다 정치적 입장의 차이로 통일정책의 방향이 바뀌고, 통일 자체가 특정 진영의 구호처럼 인식되면서 국민적 피로감을 유발하고 공감대를 형성하지 못한 것이다.

이제 과거와는 완전히 다른 방향으로 한국인의 통일인식이 변화했다는 인식을 바탕으로 한반도 평화를 위한 통일과 남북관계의 새로운 패러다임을 모색해야 할 시기이다.

(3) 북한이 적대적 두 국가 관계를 제기한 이유

북한은 2023년 12월 31일 당 전원회의에서 남북관계가 "더 이상 동족관계, 동질관계가 아닌 적대적인 두 국가 관계, 전쟁 중에 있는 두 교전국 관계로 완전히 고착되었다"면서 대남·통일 정책에 대한 근본적인 방향 전환을 발표했다. 그리고 김정은 위원장은 2024년 1월 15일 최고인민회의 시정연설에서 기존 북한 헌법에 존재하지 않던 영토조항 신설과 남북 교류협력과 관련된 각종 상징물에 대한 철거를 지시했고, 통일·화해·동족이라는 개념 자체를 완전히 제거할 것을 명령했다. 북한의 일방적인 적대적 두 국가 관계 규정은 1991년 남북기본합의서에서 합의한 '통일 지향의 특수관계'뿐만 아니라, 2000년, 2007년, 2018년 남북정상회담 정상합의문 및 기존 남북합의서의 정신과 내용을 모두 부정한 것이다. 이제 한반도에 남은 합의서는 1953년 정전협정뿐이라는 자조가 나오는 이유다.

북한이 남북관계를 적대적 두 국가 관계로 규정한 이유를 살펴보면 다음과 같다.

첫째, 국력 격차로 인해 한국과의 체제 경쟁이 불가능하다고 판단한 것으로 보인다. 과거 북한의 연방제 통일 주장은 남북 간 체제 경쟁에서 우위를 차지할 수 있다는 자신감과 주도성을 반영한 것이었다. 그러나 경제, 문화, 정치, 사회, 외교 등 모든 분야에서 월등한 한국의 국력을 고려했을 때, 통일을 지향하는 남북한 특수관계를 유지하기가 어렵다고 판단한 듯하다. 윤석열 정부의 노골적인 흡수통일 방식에 대한 거부감도 북한의 이런 태도에 영향을 미쳤을 것이다.

둘째, 북한 체제 안정에 위협이 될 수 있는 한국의 영향력을 차단하려는 정치적 의도가 반영되었다고 볼 수 있다. 디지털 기술 확산으로 북한 사회에도 외부 문화 유입이 증가하고 있다. 특히 한국 대중문화 유입으로 비사회주의 현상에 대해 내부 단속을 강화하고 있다. 한류의 확산을 저지하기 위해 북한 당국은 2020년 '반동사상문화배격법', 2021년 '청년교양보장법', 2023년 '평양문화어보호법' 등을 잇달아 제정하면서 법적인 통제를 강화하고 있다.

셋째, 국제관계에서 신냉전적 대립과 다극화의 흐름이 강하게 나타나고 있는 것도 적대적 두 국가론을 제기한 배경 중 하나라고 할 수 있다. 2022년 12월에는 김정은 위원장이 직접 신냉전 구도의 출현과 다극화 추세에 대해 언급한 바 있다. 미중 전략경쟁 심화, 러우전쟁 발발 등 국제정치적 갈등 격화가 이런 인식에 영향을 미친 것으로 보인다. 국제사회의 대립과 갈등으로 한미일 대 북중러의 대립구도가 형성되고 있는 상황에서 북한은 진영화된 국제정치에 적극적으로 편승하여 생존과 안보를 모색하고 있다.

결국 북한이 적대적 두 국가 관계를 제기한 가장 중요한 배경은 체제 붕괴의 두려움이다. 따라서 적대적 관계를 공존적, 평화적 관계로 전환하고, 이를 토대로 한반도 평화체제 확립의 방안을 모색하기 위해서는 북한의 위협 인식이 변화해야 한다. 또한 남북관계뿐만 아니라 북미관계·북일관계 등도 개선해 역내 국가 간 적대성을 완화하고, 이를 바탕으로 남북관계의 전환을 모색해야 한다.

2. 남북 간 '차가운 평화'를 어떻게 만들어낼 것인가?

(1) 남북 간 군사적 긴장 및 적대성 완화

2024년 6월 윤석열 정부는 남북 간 긴장을 완화하고 군사적 충돌을 억제할 수 있는 최소한의 안전장치였던 '판문점 선언 이행을 위한 군사분야 합의서(9·19 군사합의)'의 전체 효력을 정지시켰다. 물론 남북 간 긴장 고조의 1차 책임은 북한에 있다고 볼 수 있다. 북한은 한국 정부와 국제사회의 비핵화 요구를 무시하고 UN안보리 관련 결의와 비확산 국제규범들을 정면으로 위반하면서 핵·미사일 전력을 고도화했다. 특히 북한은 9·19 군사합의를 사실상 무력화시키는 각종 군사적 조치들을 선제적으로 취해 왔다.

그러나 윤석열 정부 또한 남북관계를 효과적으로 관리하지 못하고, 성급하게 9·19 군사합의의 전체 효력을 정지시킨 책임으로부터 자유로울 수 없다. 북한의 오물 풍선, GPS 전파 교란, 단거리 발사체 시험 발사 등을 효력 정지 이유로 언급했지만, 군사적 긴장의 직접적 피해는 일반 국민들이 고스란히 받을 수밖에 없었다. 민간단체의 대북 전단 살포와 북한의 오물 살포, 우리 군의 대북 확성기 방송과 북한의 대남 확성기 방송이 강대강으로 충돌하면서 접경 지역 주민들이 직접적인 피해를 입었다.

불필요한 오해와 갈등으로 인한 접경지역에서의 우발적 충돌을 방지하고 신뢰 형성의 기반을 마련하기 위해서는 아래의 조치들이 필요하다.

첫째, 9·19 군사합의를 복원해야 한다. 9·19 군사합의는 남북군 당국 간 연락 채널 복원 등 우발적인 충돌 방지 체계를 포함했으며, 남북 장성급 군사회담 등 군사 당국대화의 정례화를 통해 한반도 평화 질서의 기반을 다지는 데 중요한 역할을 했다.

둘째, 접경지역 내의 군사훈련, 대북 전단 살포, 대북 방송 등을 자제하는 선제적 조치를 취할 필요가 있다. 이를 통해 돌발 상황이 발생할 가능성을 낮춰야 한다.

셋째, 재래식 군비통제를 통한 상호 위협 감소 방안과의 연계를 강구해야 한다. 남북 간에는 이미 군사적 신뢰구축과 군비축소를 위한 합의가 도출된 바 있다. 1991년 12월 남북기본합의서에 남북 간 군사적 신뢰구축과 단계적 군축에 대한 언급이 포함됐고, 2018년 4·27 판문점 선언에도 군사적 긴장 해소와 신뢰 구축을 기반으로 한 단계적 군축 구상이 포함됐다. 9·19 군사합의는 단계적 군축 이전의 긴장해소와 신뢰구축을 위한 조치였다.

넷째, 상호불가침과 무력통일 배제 등을 남북대화의 의제로 재설정하는 노력이 필요하다. 대화의 과정에서 남과 북은 서로를 적으로 규정하는 표현을 자제하고, 적대성을 완화하기 위한 조치를 취해야 한다. 언어가 의식을 지배하기 때문에 상호 적대적인 언사를 자제하는 노력을 통해 적대성 완화를 모색할 수 있을 것이다.

(2) 남북교류협력 재개 및 신뢰회복 방안

남북이 서로를 적으로 규정하면서 남북 교류협력은 완전히 단절됐다. 북한은 금강산 이산가족 면회소를 철거하고, 금강산 호텔을 해체하는 등 남북 간 인도주의와 화해의 상징물마저 제거하고 있다. 이산가족 상봉은 2018년을 마지막으로 더 진행되지 못했으며, 대북 제재 면제 승인을 받았던 화상 상봉도 남북관계 경색으로 중단됐다. 한국 정부는 남북 교류협력을 계속 제안하고 있지만 북한은 이를 수용하지 않고 있다.

남북 교류협력 시도는 대북 제재와 연관될 수밖에 없다. 2019년 신년사에서 김정은 위원장이 '조건 없는 개성공단 사업과 금강산 관광 재개 의사'를 밝혔음에도, 대북 제재로 인해 쉽게 재개하지 못했다. 대북 제재의 목적은 북한에 경제적 압력을 가해 궁극적으로 핵과 미사일 등 대량살상무기를 포기하도록 하고, 이를 통해 한반도 비핵화와 평화를 달성하는 것이다. 따라서 제재 자체를 목적으로 설정하고 북한을 압박하기보다는 제재가 평화를 창출하기 위한 수단임을 분명히 인식할 필요가 있다. 강경 일변도의 제재에 집착하기보다는 실용적인 차원에서 남북 교류

협력 증진 방안을 모색해야 한다.

　대북 제재에 저촉되지 않는 인도적 분야의 지원도 적극 추진해야 한다. 보건의료 협력, 전염병 확산 방지, 이산가족 상봉 재개 등이 대표적 사례다. 과거 일부 지방자치단체에서 추진한 남북 교류협력 사업의 재개도 돌파구를 마련하는 중요한 계기가 될 수 있다. 제주의 감귤 및 당근 보내기 사업, 경남의 통일딸기 사업, 경기도의 말라리아 공동방역사업, 대구의 북한 어린이 내복 보내기 운동 등이 대표적이다. 민간 영역에서도 다층적인 대북 협력 사업을 적극 추진해 중앙정부, 지방정부의 사업과 시너지 효과를 극대화할 수 있을 것이다.

　여기서 중요한 점은 북한에 대한 일방적인 시혜적 지원이 아니라 상호 교류와 협력을 통해 신뢰를 회복하고 적대성을 완화하는 것이다. 남북이 공동으로 추진할 수 있는 사업들을 발굴해 국제사회에 함께 진출하는 방식으로 협력을 추진해야 한다. 관광이나 예술, 스포츠 교류와 같이 기능적이고 비정치적인 분야에서 출발해 한반도 평화와 남북관계 발전에 부합하는 사업으로 점차 확대해 나갈 수 있다. 북한이 중국, 러시아를 통해 제재의 우회로를 확보한 상황이기 때문에 단기적인 지원보다는 중장기적 발전을 위한 국제개발협력, 지식공유협력 등을 마련하는 것도 중요하다.

　쿱찬(C. Kupchan)의 안정적 평화론에 따르면 신뢰구축은 '선제적 양보 → 상호 자제 → 사회통합 → 공동 정체성 형성'의 과정을 통해 가능하다. 협력의 재개와 평화구축 과정이 우리의 주도적 실천으로부터 시작돼야 하는 이유다. 과감한 정치적 결단으로 신뢰 구축, 평화 확립을 위한 선제적이고 일방적인 양보 조치를 취하고, 평화의 제도화를 적극 주도해야 한다.

(3) 남북 간 복합위기 및 신흥안보 대응

기후변화, 전염병, 식량위기, 자연재해 등 다양한 신흥안보 분야의 복합적인 위기가 전 세계적 차원에서 발생하고 있다. 특히 기후변화 문제는 대표적인 신흥안보 이슈로 국제사회가 시급히 대처해야 할 문제다. 2024년 세계경제포럼에서 발표한 '글로벌 위기 보고서 2024'를 보면, 복합위기 순위에서 기후변화 관련 내용이 1위부터 3위까지를 차지했다. 극한 기후변화, 지구 생태계 변화, 생물 다양성 손실 및 생태계 붕괴가 바로 그것이다. 기후변화는 환경·식량·감염병·에너지 문제 등을 야기하고, 내전·시위·파업·폭동 등 국가 내외부에 심각한 갈등을 유발할 가능성이 있으며, 국가 및 사회집단 간 불평등과 차별까지 심화시킬 수 있다.

현재 한반도에서 나타나고 있는 신흥안보 문제 중 북한이 적극적으로 관심을 보이면서 남북이 신속히 협력을 추진할 수 있는 분야 또한 기후변화 대응이다. 기후변화 문제는 정치적 민감성이 낮고, 초국경적·초이념적 분야이기 때문에 북한의 적극적인 참여와 협력을 도모할 수 있는 대표적인 분야다. 북한은 2024년 1월 제3차 개발도상국 정상회의에서 식량, 에너지위기, 보건위기, 기후변화 의제에 대해 지역별, 대륙별 협력을 강화해야 한다고 주장하기도 했다. 북한이 2021년 제출한 자발적 국가

검토보고서에서는 자연재해가 SDGs 달성을 방해하는 주요 요인으로 언급되었으며, 이에 대한 대응력을 강화하는 차원에서 2030년까지 기후 및 자연재해에 대한 국가 대응체계를 완비하고 보호 방안을 강구하겠다는 목표를 밝히기도 했다.

이처럼 북한은 SDGs 이행에 관한 국제협력을 진행하고 있어 남북 간에도 협력 가능성이 크다. 또한 북한에서도 홍수 피해 등 기후변화에 따른 재해재난을 중요한 신흥안보 위협으로 취급하고 있고, 북한의 재해재난이 남한의 접경지역 등에서 직접적인 피해로 이어질 수 있으므로 협력의 수용성과 필요성도 크다. 식량과 에너지 지원과 같은 생계지원 협력 사업은 북한의 수용성도 크기 때문에 이를 기후협력과 동시에 진행하는 것도 적극 고려해야 한다.

기후변화에 따른 자연재해 및 재난 대응, 신종 감염병 대응은 남북 간 상호연계와 협력을 심화할 수 있는 대표적인 분야로서 중장기적 관점에서 지속적으로 협력을 추진하기 위한 역량을 확보해야 한다. 남북 간 정보통신 기술과 정보의 공유에 기반한 지식공유사업과 재해재난 및 기후변화 대응을 연계할 수도 있다. 남북이 신기술을 공유해 기후변화 등 예측불가능한 신흥안보 위협에 대해 효과적인 대응책을 모색할 수 있다.

이를 위해 복합위기 및 신흥안보 대응을 위한 남북 전략대화 추진, 남북 공동조사 연구기관 설립 등을 추진할 수 있다. 궁극적으로 복합위기 및 신흥안보 이슈는 대부분 초국적 문제이므로 일국 차원의 접근이 아닌 지역 혹은 글로벌 차원에서 공조와 협력체계를 구축해 대응하는 것이 효과적이다. 따라서 남북 공동 대응을 넘어 동아시아 차원에서 아세안+3, 아시아 태평양 경제협력체(APEC) 등의 경제·안보 협의체를 신흥안보 대응 협의체로 발전시킬 수 있다. 중장기적으로는 이런 협의체들이 실질적으로 기능할 수 있도록 활성화하는 동시에, 동아시아를 넘어서는 세계적 수준의 협의체로 확대·발전시켜 나가야 한다.

(4) 지역 평화 이니셔티브를 위한 다자협력체 구성

북핵 문제는 한반도의 문제인 동시에, 국제적 핵 비확산, 동아시아의 평화와 안보 문제이기도 하다. 따라서 그 해결 과정은 역내 공동의 안정과 이익을 추구하는 과정이어야 한다. 역내 평화와 안정을 실현하기 위해서는 단기적인 성과를 지양하고 중장기적으로 다양한 분야의 역내 협의체 구성을 모색할 필요가 있다. 민주주의, 경제성장, 한류 등 한국의 K-정치·경제·문화에 대한 전세계의 긍정적 이미지를 고려할 때, 우리가 역내 다자협의를 주도하고 활성화시킬 수 있는 충분한 역량을 갖추고 있다고 볼 수 있다. 또 전통안보 문제뿐만 아니라 비전통안보 차원의 역내 협력 공동체 수립에서도 적극적인 역할을 모색해야 한다.

한국은 전통안보 차원에서 동아시아 정상회의(EAS)를 비롯해 한중일 3국 정상회의, 한-아세안 정상회의, 아세안+3 정상회의, ARF 등에 참여해 왔다. 또한 아시아와 유럽 각국의 정상이 참가하는 아시아유럽정상회의(ASEM)와 아시아교류신뢰구축회의(CICA)에도 참여하며 협력하고 있다. 전통안보 차원의 1.5트랙 및 실무자급 다자협력체로는 아세안 확대 국방장관회의, 풀러턴

(Fullerton) 포럼, 동경방위포럼, 향산포럼, 동북아협력대화 등이 있는데 한국도 적극 참여하고 있다. 또 한국은 아태 지역의 다자 안보 협력을 강화하기 위해 2012년부터 서울안보대화를 매년 개최했다. 2017부터 2021년까지는 동북아평화협력포럼을 개최해 북핵 문제, 동북아 평화협력, 동북아 신뢰구축 등 전통안보 문제뿐만 아니라 재난재해 대응 및 경제협력 등 비전통안보와 관련된 다양한 문제를 해결하기 위한 협력을 주도했다.

중요한 점은 한국이 다양한 역내 다자협력체를 주도하거나 참여하고 있음에도 북한 혹은 북핵 문제를 집중적으로 다루는 역내 다자 안보협의체가 부재하다는 것이다. 이에 한국, 미국, 중국, 일본, 러시아 등 역내 주요국의 정부 관계자, 민간 전문가, 비정부기구 관계자 등이 참여하는 다자 안보협의체 창설을 검토할 필요가 있다. 한반도를 넘어 동북아 비핵화 혹은 비핵지대화를 추구하기 위해서는 다자 안보협의체 구성이 필수적이다. 새로운 다자 안보협의체 창설에서 북한의 참여나 미국과 중국의 참여 형태 등에 대해서는 추가적인 논의가 필요할 것이다. 미중 전략경쟁 고조로 인해 다자 안보협의체 건설이 좌초되거나, 실효성이 없는 제도로 전락할 가능성도 있다. 그러나 한반도 평화와 안정을 목표로 하는 다자 안보협의체 건설을 목표로 설정하고, 그 실효성을 제고할 수 있는 방안을 중장기적 차원에서 적극 모색해야 한다.

3. 지속가능한 평화통일체제, '뜨거운 평화'는 실현 가능한가?

(1) 통일의 장기적 로드맵 확립 및 기반 구축

통일은 강요가 아닌 설득이며, 이상보다 이익이고, 민족보다 실용이라는 인식의 전환이 필요하다. 지속 가능한 통일 담론은 일상 속 신뢰와 경험에서 시작되어야 한다. 즉 통일은 명령이 아니라 선택가능한 매력적인 미래이며, 단발적 사건이 아니라 지속성을 확보한 과정으로 이해할 필요가 있다.

한반도 통일의 장기적 로드맵을 마련하기 위해서는 첫째, 평화적 수단의 원칙, 둘째, 민주적 절차의 원칙, 셋째, 주민의 인권과 자유 보장 원칙, 넷째, 국제사회 협력과 존중 원칙을 견지해야 한다. 이를 토대로 한반도 통일의 과제를 장기적 목표로 설정하되, 단기적 차원에서는 남남 및 남북갈등을 해소하고, 지속가능한 평화통일체제를 구축하기 위한 기반 조성에 집중해야 한다.

지속가능한 평화통일체제를 형성하기 위해서는 변화된 남북관계를 반영해 남북 간 적대 완화를 우선적으로 도모해야 한다. 통일이라는 장기적 과제를 실현하려면 단기적인 성과 위주의 정책보다는 적대 완화를 통한 신뢰회복이 반드시 필요하기 때문이다. 특히 평화가 통일의 전제조건이라는 사회적 합의를 만들어가는 것이 중요하다. 폭력적인 방식이 아닌 평화적인 수단에 의한 남북 간 평화구축을 통해 통일의 기반을 조성하는 데 집중해야 한다.

또 단순히 통일의 필요성을 설파하기보다는 구체적인 통일의 이익을 설계해야 한다. 통일을 해야 하는 근본적인 질문에 답하기 어려운 상황에서 민족적, 역사적 사명을 강조하기보다 경제성장, 평화구축, 안전보장 등 구체적인 이익을 제시하고 설명해야 한다. 교류를 통한 상호이해와 협력을 통한 상호이익이 평화통일의 전제조건이다. 북한과의 협력을 통한 경제성장, 전쟁 위험 감소의 구체적 편익 등이 좋은 사례들이다.

나아가 통일을 국민들이 주체적으로 선택할 수 있는 미래로 재구성해야 한다. 통일을 당위적이고 무비판적으로 설파하기보다 남북이 함께 고민하며 공동의 미래로 설계하고 만들어가는 방식으로 접근해야 한다. 국민들의 참여 속에서 통일의 장기적 로드맵을 만들어야 하는 것이다. 국회 중심의 초당적 합의기구를 통해 정권 교체에 따른 정책적 혼선을 최소화하는 방안도 적극 검토할 수 있으며, 국민 참여형 공론화 방식을 병행해 정당성과 지속성을 확보하는 방안도 고려해 볼 수 있다.

(2) 평화선도국가 이미지 형성

국제사회에서 한국의 대표적인 이미지는 분단, 전쟁, 갈등 등이다. 최근 한류 등의 영향으로 한국의 이미지가 다소 개선되고 있지만, 여전히 전쟁과 분단이라는 폭력적이고 대립적인 이미지가 남아있는 것이 현실이다. 국제사회에서 한국의 위상이 신장된 만큼 국제 평화외교에서 주도적 역할을 자임하고 평화선도국가의 이미지를 형성, 확장할 필요가 있다.

평화선도국가 이미지를 형성하려면 첫째, 한국 사회 내부의 남남갈등이 해소되어야 하고, 민주주의, 인권, 법치주의에서도 모범적인 국가로 거듭나야 한다. 한국 사회 내의 혐오, 차별과 배제, 불평등 같은 제반 문제를 해결하지 못한다면 평화선도국가 이미지 형성은 요원하다.

둘째, 남북 간 군사적 긴장완화를 통해 한반도 평화를 주도해야 한다. 현 시기 남북관계가 방증하는 것과 같이, 대결적 태도와 군사적 해법은 한반도에 평화를 가져오지 못한다. 평화협정 체결, 군비통제·군축 등 남북 간 공존을 제도화하고 평화를 창출하려는 노력이 중요한 이유다. 엄혹한 국제사회의 현실에서 강한 국방력은 필수적이지만, 이는 방어적·억제적 성격으로 한정돼야 한다. 이와 별개로 남북 간에는 상호 투명성을 확보해 군사적 긴장 완화를 추진해야 한다. 국제사회에서 남북관계가 전쟁과 폭력이 아닌 평화 이슈로 자리매김할 수 있도록, '평화를 위해 평화를 준비한다'라는 방식으로 새롭게 프레이밍될 수 있도록 노력해야 한다.

셋째, 한국이 세계의 평화와 발전에 지속적으로 기여하려면 전통안보 분야의 군축 관련 다자 조약에 보다 적극적으로 참여하는 방안을 검토해야 한다. 물론 지금도 한국은 전통안보 관련 주요 국제협약에서 활발하게 활동하면서 모범적인 국가로 평가 받고 있다. 그러나 한국은 대인지뢰 금지협약(오타와협약)과 확산탄 금지협약(CCM), 특정 재래식무기 금지협약의 제3의정서와 제4의정서에 아직 가입하지 않은 상태다. 한국이 살생과 폭력이 아닌 평화와 안전을 추구하는 평화선도국가 이미지를 형성하기 위해서는 이들 협약에 가입해 적극적으로 기여해야만 한다. 특히 남북 모두 가입하지 않은 대인지뢰 금지협약과 확산탄 금지협약에 북한의 공동 참여를 유도하는 것 또한 중요한 과제다.

넷째, 국제사회에서 갈등 중재, 개발협력, 분쟁 예방 등 평화 중견국 외교를 강화해야 한다. 한국은 현재 남수단 평화유지 활동 등 국제사회의 갈등 중재 활동에 참여하고 있는데, UN 평화유지 활동뿐만 아니라, 보건, 환경, 재난 지원 등 비군사적인 기여 활동도 적극 확대해야 한다. 또 국제개발협력 예산을 증액하여 군대보다 구호와 재건을 전면에 내세워야 한다.

다섯째, 살상무기 수출과 방위산업 육성보다는 생태주의적 사고와 실천을 통해 평화산업을 육성하는 것도 중요하다. 힘에 의한 평화는 지속가능한 평화가 아니라는 점을 자각하고, 군비통제 및 군축 노력을 선도해 한반도의 평화를 전 세계의 평화로 확장시켜 나가야 한다.

(3) 한반도 비핵화와 평화구축의 제도화

한반도의 평화는 북핵 문제의 해결과 밀접하게 연관될 수밖에 없으며, 북핵 문제의 해결은 한반도 평화체제의 구축과 함께 완성된다. 한반도 평화프로세스는 2019년 2월 하노이 노딜로 인해 성과 없이 끝났고, 이후 북한의 핵미사일 능력은 질적·양적으로 고도화됐다. 이에 따라 대화와 협상을 통한 북핵 문제 해결에 대한 회의가 확산되면서 확장억제 강화, NATO식 핵공유, 나아가 핵잠재력 강화 및 자체 핵무장 주장이 제기되는 상황이다.

외교와 협상을 통한 북핵 문제 해결은 쉽지 않은 과정이겠지만, 한반도 평화를 위해서는 장기적이고 점진적인 방식으로 비핵화와 평화프로세스가 중단 없이 추진돼야만 한다. 단기적으로는 한반도 상황이 악화되지 않도록 실용적으로 관리해 한반도 평화프로세스의 동력을 유지시켜야 한다. 북한 핵·미사일 문제 해결과 한반도 평화체제 구축에서 중요한 점은 단기적 관점과 중장기적 관점을 병행하여 추진해야 한다는 것이다. 이를 위해서 먼저 북한이 추가적인 핵무기를 개발하지 않도록 관리해야 하며, 단계적으로 비핵화를 추진해 북핵 위협을 감축시켜 나가는 방안을 제도화해야 한다.

단순히 북한 비핵화와 평화체제를 맞교환하는 방식은 지양되어야 한다. 1994년 제네바 합의에서는 동결이, 2005년 9·19 공동성명과 2007년의 2·13 및 10·3 합의에서는 폐쇄 및 봉인, 불능화라는 세부적인 단계적 접근법이 도출된 바 있다. 그러나 이런 비핵화 합의들은 모두 북한이 핵을 가지기 이전에 만들어진 것으로, 사실상 북한의 핵 보유를 인정할 수밖에 없는 현 상황에 적용하기 어렵다. 단순히 제재의 완화나 해제가 아니라 남북 및 북미 관계의 변화, 한반도 평화체제의 구축이 필요하기 때문이다.

따라서 한반도의 평화구축은 북한 비핵화라는 좁은 의미보다는 한반도 비핵화라는 관점 속에서 진정한 한반도 평화프로세스가 형성될 수 있도록 진행되어야 한다. 현재 한반도 비핵화와 북한 비핵화의 명확한 정의에 관한 합의는 존재하지 않는다. 미국은 한반도 비핵화보다 북한 비핵화를 선호하며, 북한을 압박하는 모양새를 취하고 있다. 그러나 한반도 평화체제 구축을 위해서는 남북과 주변국 간의 정치적 합의를 바탕으로 한반도 비핵화가 이뤄져야 한다. 한반도 비핵화는 북한의 미래핵 위협 제거와 더불어, 과거에 북한이 제기한 안보 우려를 함께 해소하는 노력으로부터 시작할 수 있다. 북한의 미래핵인 핵실험 유예 및 핵시설 동결과 북한의 과거 안보 우려인 한미연합군사훈련 및 전략자산의 한반도 전개 중단을 교환하는 방식으로 평화구축을 시도할 수 있는 것이다.

한반도 비핵화와 평화구축의 진전에 있어 군사적 신뢰구축과 군비통제는 필수적이다. 선제적인 군사적 충돌방지 및 군사적 긴장완화 실현 등 적극적인 군비통제 정책을 시행함으로써 비핵화와 평화체제 구축을 가속화해야 한다. 그리고 한반도 비핵화와 평화구축을 위한 군비통제는 남북한만의 과제가 아니라 동북아 차원의 문제라는 점에서 북한을 포함하는 역내 다자 안보협력체를 통해 평화의 제도화를 도모해야 한다.

8부

"빛의 혁명"의 새로운 시대, 더 큰 대한민국을 향하여

1. K-이니셔티브를 어떻게 알리고 확장할 것인가?

(1) '빛의 혁명'을 외교자산으로

2024년 12월 3일, 윤석열의 계엄 선포와 극우 세력의 준동은 한국 민주주의의 위기를 전 세계에 알리는 계기가 되었다. 이코노미스트 산하 EIU(Economist Intelligence Unit)의 민주주의 지수에서 한국은 '완전한 민주주의'에서 '결함 있는 민주주의 국가'로 강등되었고, 순위 또한 10계단 이상 하락하였다. 이는 한국이 오랜 시간 축적해 온 소프트파워의 핵심 자산인 민주주의의 위상과 가치가 국제사회에서 심각하게 훼손되었음을 보여주는 사례다.

그러나 이러한 위기 속에서도 국민들은 민주주의를 수호하기 위해 놀라운 역량을 발휘했다. 윤석열의 계엄 선포에 맞서 시민들은 '응원봉 시위'로 상징되는 비폭력 저항과 자발적 연대를 통해 대응했고, 이는 2025년 4월 4일 헌법재판소의 탄핵 결정으로 이어졌다. 이른바 '빛의 혁명'으로 불리는 이 저항 운동은 시민 주권의 실현이자, 한국 민주주의의 회복력을 전 세계에 입증한 역사적 사건으로 평가된다.

이런 값진 경험은 단순한 정권 교체라는 국내 정치적 성과에 그쳐서는 안 되며, 국제사회와 공유할 수 있는 외교 자산으로 적극 활용돼야 한다. 특히 2025년 6월 3일 조기 대선을 통해 출범한 새 정부는 한국 민주주의가 보여준 저력과 회복 과정을 전 세계에 적극적으로 알림으로써 훼손된 국가 위상과 가치를 복원하고, 국제사회와의 연대와 협력을 선도하는 외교적 동력으로 전환해야 한다. 이를 위해 '빛의 혁명'을 대한민국 공공외교의 핵심 콘텐츠로 삼는 전략적 자산화 방안이 필요하다.

첫째, 한국 민주주의 회복 과정에 대한 체계적인 내러티브를 구축하고, 이를 토대로 「한국 민주주의 회복 백서」를 발간할 것을 제안한다. 위기 극복의 전 과정을 담은 이 백서는 '빛의 혁명'이 평화적 민주주의 회복 모델로서 갖는 가치를 국제사회와 공유하는 상징적 자료가 될 것이다. 더불어 국제 민주주의 관련 기구 및 주요 글로벌 싱크탱크와의 공동 연구를 통해 백서의 객관성과 신뢰성을 확보하고, '빛의 혁명'이 세계 민주주의 발전에 기여할 수 있도록 널리 확산시켜야 한다.

둘째, 헌법재판소의 4·4 파면 결정문을 전략적으로 활용할 필요가 있다. 이 결정문은 단순한 법적 판결을 넘어, 헌정 질서를 수호한 최고 권위의 문서로서 한국 민주주의의 제도적 성숙도를 입증하는 자료다. 이를 외국 정부, 국제기구, 해외 언론, 법률 전문가 단체 등에 다양한 형태로 소개함으로써 계엄을 옹호하는 극우 세력의 왜곡된 주장 확산을 차단하고, 동시에 한국 민주주의의 회복력과 시민 역량을 국제사회에 적극적으로 알릴 수 있어야 한다.

셋째, 전통적인 홍보 중심 공공외교를 넘어, 시민 참여 기반의 '국민외교 2.0'을 본격적으로 추진해야 한다. 문재인 정부 시기의 국민외교 경험을 성찰적으로 계승하되, 국민 참여의 폭을 확대하고, 해외 지식인 및 시민사회와의 연대를 강화하며, 디지털 기술을 활용한 공론장을 조성하는 방식으로 'K-이니셔티브 국민외교'를 활성화할 필요가 있다. 이를 통해 한국의 민주주의 경험과 서사를 전 세계 시민들과 공유하고 국제적 공감대를 확산시킬 수 있다.

이처럼 한국 민주주의 회복의 메시지를 국제사회에 확산시키는 '빛의 혁명' 외교 자산화 전략은 대한민국의 외교적 위상을 제고하는 동시에, 위기 속에서 상처받은 국민의 자긍심을 치유하는 데에도 중요한 동력이 될 것이다.

(2) 국민외교 2.0: 참여형 외교 기반의 복원과 확장

문재인 정부는 촛불혁명의 에너지를 외교 정책에 접목해 국민이 외교의 주체로 참여하는 '국민외교'를 주요 국정 과제로 추진한 바 있다. 외교부 산하에 국민외교센터를 설치하고, 한국국제교류재단(KF)을 중심으로 다양한 시민 참여 프로그램을 운영했으나, 윤석열 정부 출범 이후 관련 사업들은 대폭 축소되거나 폐지됐고, 이로 인해 시민 참여형 외교의 흐름은 사실상 중단됐다.

그러나 2024년 말부터 시작된 '빛의 혁명'은 한국 민주주의의 회복력과 시민 주권의 위상을 세계에 다시 한 번 각인시키는 전환점이 되었다. 이제 새 정부는 이러한 역사적 경험을 바탕으로 국민외교를 복원하고, 시민 참여형 외교를 제도화·체계화함으로써 '국민외교 2.0'을 본격적으로 추진해야 한다. 이는 단순

한 기능의 회복을 넘어, 시민 참여의 제도화, 외교 주체의 다변화, 디지털 및 문화 기반 전략의 통합을 통해 한국형 외교 패러다임을 새롭게 정립하는 과제이기도 하다.

첫째, '빛의 혁명'을 중심으로 국민외교의 메시지를 재구성할 필요가 있다. 기존의 국가 브랜드 중심 홍보에서 벗어나, 시민 행동과 민주주의 회복이라는 가치 기반 내러티브로 외교 전략을 전환해야 한다. 이를 위해 '시민 역량–제도 회복–연대 확산'이라는 3단계 서사를 정립하고, 시민이 직접 참여할 수 있는 다양한 국제 채널을 통해 한국 국민의 민주주의 경험을 전 세계와 공유하며 국제적 연대를 확장해 나가야 한다.

둘째, 국민외교의 주체를 다변화할 필요가 있다. 외교부 중심의 기존 구조를 넘어, 시민사회, 학계, 예술계, 청년 등 다양한 주체가 실질적인 외교 활동에 참여할 수 있도록 법적·행정적 기반을 마련해야 한다. 특히 전 세계 700만 재외동포는 한국 민주주의 회복의 경험을 공유하고 국제 연대를 촉진할 수 있는 전략적 자산이다. 지역별 동포 커뮤니티를 기반으로 각국 시민사회와의 연계 네트워크를 활성화하고, 이를 뒷받침할 수 있도록 학술포럼, 국제 세미나, 공동연구 등의 프로그램을 체계적으로 운영해야 한다.

셋째, 디지털 기반의 'K-이니셔티브 국민외교'는 국민외교 2.0의 실행력을 뒷받침하는 핵심 전략이다. 디지털 플랫폼을 활용한 참여형 외교는 전통적인 외교 방식으로는 도달하기 어려운 영역까지 민주주의 메시지를 확산할 수 있는 유효한 수단이다. 예컨대, #K-Democracy, #KoreaResilience와 같은 해시태그 캠페인, 유튜브 기반 단편 영상 제작 및 배포, K-Democracy 디지털 허브 구축 등을 통해 시민 주도의 디지털 외교 공간을 조성하고, 국민외교의 접근성과 지속가능성을 획기적으로 제고해야 한다.

넷째, 문화예술을 통한 민주주의 공공외교는 국민외교가 새롭게 개척해야 할 중요한 영역이다. 기존의 K-pop 및 영상 콘텐츠 중심의 문화외교를 넘어, 시민과 민간단체, 해외 시민이 함께 참여할 수 있는 민주주의 문화외교의 장을 구축해야 한다. 민주주의 가치와 문화 콘텐츠의 융합을 통해, 한국의 소프트파워를 민주주의 가치와 연계된 형태로 확장하는 전략은 공공외교의 정당성과 설득력을 한층 강화할 수 있다.

국민외교 2.0은 단순한 외교정책의 조정에 그치는 것이 아니다. 시민의 경험과 민주주의 가치를 기반으로 기술과 예술을 결합해, 국제사회에 한국형 민주주의 공공외교 모델을 제시하는 새로운 외교 패러다임의 진화이며, 지금은 그 실현을 위한 결정적 시점이다.

(3) '빛의 혁명' 기여외교의 개척

새 정부는 '빛의 혁명'을 외교 자산으로 삼아, 국제사회와 함께하는 책임 있는 국가로서의 위상을 새롭게 정립하고, 기여외교를 적극적으로 추진해야 한다. 기여외교는 국가 외교정책의 핵심 축 중 하나로, 자국의 자원과 역량을 바탕으로 국제사회에 실질적으로 기여하고 공동 번영을 도모하는 전략적 외교 활동이다. 이는 단순한 이미지 제고나 일회성 지원을 넘어, 민주주의, 인권, 평화, 지속가능성과 같은 보편적 가치를 외교 전반에 구현하는 데 그 본질이 있다. 반면, 윤석열 정부의 이른바 가치외교'는 '자유'와 '반공'을 전면에 내세워 외교를 이념 중심의 진영 구도에 가두었고, 미중 전략경쟁이 격화되자 신냉전 질서를 기정사실화하며 이를 일방적으로 추종했다. 그 결과, 외교정책은 점점 더 경직되었으며 균형 외교의 여지를 상실했다.

러우전쟁에 대한 대응에서도 인도적 지원과 전후 재건 협력을 표방하는 한편, 무기 지원 가능성을 열어둠으로써 한국이 강대국 간 대리전 구도에 편입될 수 있는 위험을 자초했다. 특히 러우전쟁 개입과 남북 간 군사적 긴장을 계엄령 선포의 명분으로 활용하려 했다는 정황은 윤석열 정부의 외교가 정치적 목적과 결합된 위험한 수단이었음을 단적으로 보여준다. 이와 같은 왜곡된 가치 외교는 국익을 훼손했을 뿐만 아니라, 국제사회의 갈등을 심화시키는 데 일조했다.

이제 새 정부는 '빛의 혁명'이 상징하는 민주주의 회복의 경험을 바탕으로 기여외교의 비전과 전략을 새롭게 정립해야 한다. 시민 주권의 실현과 비폭력 저항, 연대의 정신으로 대표되는 회복력은 국내를 넘어 국제 평화에 실질적으로 기여하는 방향으로 확장되어야 하며, 외교의 초점도 전통적인 군사 중심 안보 개념을 넘어 인간안보 영역으로 전환되어야 한다. 인간안보는 생명과 존엄을 중심에 둔 외교 철학으로, '빛의 혁명'이 구현한 핵심 가치와 깊이 맞닿아 있다. 새 정부가 지향해야 할 기여외교의 원칙이자 실천 방향은 바로 여기에 있다.

트럼프 대통령은 재집권 이후 미국 우선주의를 앞세워 파리기후변화협정 탈퇴, 세계보건기구(WHO) 탈퇴 통보, UNHRC 및 UN 팔레스타인난민구호기구(UNRWA) 탈퇴, 해외원조 전면 중단 행정명령 발동, USAID 인력 대규모 감축 등 국제사회에서의 기여를 사실상 포기하는 외교 노선을 취하고 있다. 미국의 이탈은 국제사회의 연대와 협력에 큰 공백을 초래하고 있다. 이 틈을 메우기 위해 프랑스를 비롯한 EU 국가들, 중국, 그리고 글로벌 사우스 국가들까지도 국제개발협력의 공백을 활용하여 외교적 위상 강화를 적극 모색하고 있다. 이들은 새로운 국제질서 재편 국면에서 외교적 주도권을 확보하고자 다자 외교와 협력 외교를 강화하는 중이다.

한국의 새 정부 역시 기후위기, 감염병, 식량·물 부족, 교육 격차 등 비전통 안보 이슈에 대응하는 국제 연대를 선도하고, 보다 능동적인 국제협력에 참여함으로써 평화·공영·포용을 지향하는 '더 큰 대한민국' 실현에 앞장서야 한다.

이를 뒷받침하기 위해서는 외교 추진체계의 전면적인 정비가 필요하다. 외교부뿐 아니라 경제, 자원, 문화, 교육 등 각 부문에 분산된 기여외교 주체들을 유기적으로 연계하고 조율할 수 있는 강력한 컨트롤타워의 구축이 요구된다. 이에 따라 '대통령 직속 빛의 혁명 국가전략회의' 신설을 제안한다. 또한 한국국제협력단(KOICA), KF, 재외동포청, 한국학중앙연구원, 동북아역사재단 등 외교 및 국제협력 유관기관에 잔존하는 뉴라이트 계열 극우 인사들에 대한 인적 쇄신도 병행돼야 한다. 이를 통해 새 정부는 윤석열 정부가 남긴 이념 편향적 외교의 유산을 극복하고, '빛의 혁명' 정신에 기반한 실질적 기여외교를 통해 한국 외교의 새로운 좌표를 설정할 수 있을 것이다.

2. 세계한인·이주민과 함께 만드는 더 큰 대한민국은?

(1) 재외동포를 잇는 더 큰 대한민국

전 세계 약 700만 명에 달하는 재외동포는 대한민국과 거주국을 연결하는 핵심 연결축으로 기능할 수 있다. 과거에는 해외이주 초기의 고립성과 점진적 동화가 일반적 경향이었으나, 오늘날의 재외동포들은 거주국 사회에 안정적으로 정착하면서도, 모국과의 정체성, 소속감, 유대를 지속적으로 유지하는 초국가적 혼종 디아스포라로 주목받고 있다. 이러한 연결성은 대한민국의 경제력과 사회문화적 매력이 커질수록 더욱 강화되며, 이는 1세대뿐만 아니라 현지에서 출생·성장한 차세대 동포의 모국 인식과 정체성 형성에도 긍정적 영향을 미친다.

한국 정부는 재외동포의 중요성을 인식하고, 1997년 외교부 산하에 재외동포재단을 설립하였으며, 이를 기반으로 2023년 6월에는 외교부 외청으로 재외동포청을 신설하였다. 그러나 윤석열 정부 하에서 재외동포 정책은 여전히 대규모 행사나 공관 중심의 단편적이고 형식적인 접근에서 벗어나지 못하고 있으며, 지속 가능한 정책 기반과 전략적 시야가 부족하다는 비판을 받고 있다.

새 정부는 이러한 한계를 과감히 극복하고, 세계한인네트워크를 전략적으로 재구성하여, 재외동포가 대한민국의 외교, 경제, 문화적 성장에 실질적으로 기여할 수 있도록 해야 한다. 전 세계에 흩어진 한인의 문화, 가치, 지식, 경제적 협력 역량을 유기적으로 연결함으로써, 재외동포와 한국 사회 간의 상호 호혜적 관계를 강화하고, 글로벌 한인 공동체의 경쟁력을 한층 제고해야 한다. 나아가, 재외동포와 함께 한국 외교의 지평을 세계로 확장하며, 평화·공영·포용의 더 큰 대한민국을 실현해야 한다.

이러한 비전을 실현하기 위해서는, 먼저 2024년 계엄 사태 극복 과정에서 '빛의 혁명'에 동참한 재외동포의 열망과 기여를 적극 반영해야 한다. 새 정부는 이들이 국민외교 2.0의 핵심 주체로 실질적으로 참여할 수 있도록 다양한 디지털 플랫폼과 글로벌 네트워크를 구축해야 한다. 이를 통해 재외동포가 한국 민주주의의 가치를 국제사회에 확산하고, 왜곡된 정보를 바로잡는 국민 외교관으로서의 역할을 수행하도록 지원해야 한다.

구체적으로는 차세대 재외동포가 주도적으로 참여할 수 있는 다국어 기반 '빛의 혁명 디지털 플랫폼'을 조속히 구축할 필요가 있다. 이 플랫폼은 한국 민주주의의 성취, 비폭력 저항, 제도 복원의 경험을 세계와 공유하고, 동시에 한국의 최신 정치·경제·사회·문화 정보를 쉽고 정확하게 접할 수 있는 통로로 기능해야 한다. 이를 통해 재외동포 간 교류는 물론, 한인 커뮤니티와 모국 간의 유대가 강화되고, 차세대의 정체성 함양과 공동체 소속감 또한 증진될 것이다. 나아가, 재외동포와 한국 정부가 협력하여 글로벌 시민사회와의 연대를 확대하고, 이들을 디지털 국민외교의 핵심 자원으로 적극 활용해야 한다.

또한 이러한 디지털 기반 확산 전략과 병행하여, 각국의 재외동포 커뮤니티와 연계한 문화외교 전략도 함께 추진해야 한다. 재외동포 단체와 협력하여 'K-Democracy Art & Media Festival'과 같은 민주주의 문화 축제를 개최하고, 한강 작가의 문학작품 등 민주주의 가치를 반영한 문화 콘텐츠를 공동 기획·확산하는 프로그램도 병행해야 한다.

이러한 문화외교적 접근은 일부 국가에서 극우 이념에 영향을 받은 한인 단체들이 한국의 역사와 민주주의를 왜곡하거나, 국내 극우 세력과 연계해 반민주적 담론을 확산시키는 흐름에 대응하는 공공외교 자산으로 기능할 수 있다. 민주주의에 기반한 문화 콘텐츠를 중심으로, 재외동포와의 협력 모델을 다층적으로 확장하는 전략이 요구된다.

(2) 재외동포와 함께 성장하는 더 큰 대한민국

대한민국의 미래 성장은 더 이상 국내 자원과 인구에만 의존할 수 없다. 이제는 세계 한인의 글로벌 연결성과 혁신 역량을 국가 성장의 핵심 동력으로 전환해야 할 시점이다. 세계적인 반도체 기업 TSMC는 실리콘밸리에서 활동하던 화교 출신 모리스 창(M. Chang)의 귀환을 통해 시작되었고, 엔비디아(NVIDIA)의 창업자

젠슨 황(J. Huang) 또한 타이완계 이민자로서 첨단 기술 분야에서 지구촌과 중화권을 연결하는 중요한 역할을 수행하고 있다. 중국은 개혁개방 과정에서 세계 화상(華商) 네트워크를 전략적으로 활용하였으며, 인도 또한 실리콘밸리 출신 인재들의 귀환을 통해 벵갈루루를 글로벌 혁신 경제의 중심지로 탈바꿈시켰다. 이러한 사례는 디아스포라의 역량이 국가 전략과 결합될 때 경제·기술·문화 발전에 실질적으로 기여할 수 있음을 보여준다.

대한민국 역시 세계 각지에 흩어진 한인 인재와 경제력을 체계적으로 연결하고, 이를 국가 성장 자산으로 전환하는 전략적 접근이 필요하다. 특히 평화·공영·포용이라는 외교 비전과 연계하여 글로벌 한인 네트워크 기반의 혁신 생태계를 구축하는 것은 국가 경쟁력 강화에 실질적 기여를 할 수 있다.

우선, 세계 각국의 한인 과학기술자 네트워크를 확장하고 체계적으로 운영해야 한다. 한국과학기술단체총연합회가 주최하는 세계한인과학기술인대회를 국가급 국제행사로 격상하고, 바이오, 인공지능, 친환경기술, 반도체 등 분야별 전문 네트워크를 구축하며, 권역별, 국가별 한인 과학기술인 협회의 활동을 적극 지원해야 한다. 이들을 모국의 신산업 육성과 경제외교를 선도하는 핵심 파트너로 정립하는 것이 중요하다.

아울러, 유망한 차세대 재외동포 창업가의 발굴과 육성도 전략적으로 추진해야 한다. 해외 한국혁신센터(KIC) 등 혁신경제 지원기관의 역할을 강화하고, 현지 한인 스타트업 생태계를 지원할 수 있는 맞춤형 프로그램을 운영함으로써, 단기 창업 지원을 넘어 기술·인재·자본이 순환하는 지속가능한 구조를 마련해야 한다.

 장기적으로는 세계 각지의 차세대 재외동포와 한국을 연결하는 혁신경제 네트워크를 운영하고, 국내 연수, 인턴십, 학업, 귀환 창업 등을 연계하는 통합 지원 시스템을 구축함으로써 모국에 대한 경험과 정체성을 강화해야 한다. 이를 위해 '3業(UP)프로그램'을 도입하여, 학업–취업–창업을 통합적으로 지원하고, 단기 체류 중심의 정책을 정주·활동·정착까지 포괄하는 장기적 인재 전략으로 전환할 필요가 있다.

 한편, 그동안 이원적으로 운영되어 온 재외동포청 후원 '세계한인비즈니스대회'(구 세계한상대회)와 세계한인무역협회(OKTA) 주관 '세계한인경제인대회'를 '세계한인비즈니스엑스포'로 통합·재편하는 것도 시급하다. 이 엑스포는 전 세계 한인 경제인, 국내 기업 및 스타트업, 정부기관이 함께 참여하는 전략적 글로벌 교류 플랫폼으로 발전시켜야 한다.

 행사에서 다루는 산업 분야도 기존의 식품, 뷰티, 제조업 중심에서 문화산업, 콘텐츠, 관광, 의료, 교육, 금융 등 고부가가치 서비스 산업 전반으로 확대할 필요가 있다. 이를 통해 한인 창작자, 관광업체, 문화센터 등과의 협력을 강화하고, 한국 문화 콘텐츠의 글로벌 확산, 소비재 및 서비스의 해외 진출, 디지털 기반의 경제협력을 촉진하는 복합형 플랫폼으로 기능하게 해야 한다.

 '세계한인비즈니스엑스포'로의 통합과 확장을 통해 재외동포 경제 행사를 단순한 교류의 장이 아닌, 한민족 경제 네트워크와 대한민국의 외교·경제·문화 전략을 유기적으로 연계하는 전략

자산으로 전환해야 한다. 이는 '더 큰 대한민국'을 실현하는 데 있어 지속가능한 경제외교 기반을 구축하는 중요한 전환점이 될 것이다.

(3) 지속가능한 이민정책: 이주자를 품는 더 큰 대한민국

윤석열 정부 집권기 이민정책은 주요 국정과제 중 하나로 부각됐다. 저출생과 고령화로 인한 구조적 노동력 부족 문제에 대응하기 위해 정부는 외국인 노동자 유입 확대를 위한 '고용허가제 2.0'을 도입했고, 지역소멸 위기에 대응하고자 '지역특화비자 제도'를 신설해 최소 5년 이상 해당 지역에 거주하는 조건으로 외국인의 국내 체류를 허용했다. 아울러 여성가족부, 법무부, 고용노동부, 행정안전부 등으로 분산된 이민 관련 행정체계의 중복성과 비효율을 해소하고자 법무부 산하에 '이민청' 설립을 추진하는 등 제도적 정비도 시도했다.

조기 대선을 통해 새롭게 출범한 새 정부는 이민정책을 보다 근본적이고 포괄적인 관점에서 재구성할 필요가 있다. '필요한 외국인을 정교하게 판단하여 불법체류자를 줄이고, 우리 사회의 노동수요에 맞춰 외국인력을 수용한다'는 정책 방향이 본질적으로 잘못된 것은 아니나, 이민정책을 지나치게 관리·통제 중심의 틀로 축소하고 있다는 점에서 한계가 뚜렷하다. 향후에는 단순한 수요 기반의 관리형 정책을 넘어, 이민을 사회 통합과 포용의 관점에서 접근하는 정책 전환이 요구된다.

무엇보다 이민정책의 철학적 전환으로 '다문화주의'에서 '상호

문화주의'로의 시각 변화가 시급하다. 현재 상호문화주의에 대한 담론은 존재하지만, 실제 정책이나 사회적 인식에서는 여전히 다문화주의가 지배적이다. 다문화주의는 서로 다른 문화를 인정하고 공존하는 모자이크식 사회를 의미하지만, 실제로는 각 집단이 고립된 채 교류 없이 병존하는 구조로 정체되기 쉽다. 반면 상호문화주의는 다양한 문화적 배경을 가진 이들이 상호작용을 통해 이해와 존중, 실질적 교류를 이루는 것을 핵심으로 한다. 최근 유럽에서 확산되고 있는 배타적 극우 정치세력의 등장이나, 한국 내에서 중국동포 등을 향한 차별적 행위의 문제 역시 이러한 상호이해의 부재에서 기인한 측면이 크다. 따라서 단순한 공존이 아닌 '교류를 통한 통합'을 지향하는 사회통합정책이 절실하다.

이러한 관점에 기반한 정책적 전환도 요구된다. 예를 들어 지역특화비자의 경우, 캐나다·호주 등 연방제 국가의 주정부 중심 모델을 차용하였으나, 한국의 지방정부는 행정 자율성과 이민 관리 역량이 상대적으로 부족해 단순 이식에 따른 한계가 뚜렷하다. 따라서 지역특화비자의 실효성을 높이기 위해서는 지방정부가 외국인 주민의 체류관리, 사회통합, 정착 지원을 지속적으로 수행할 수 있는 행정적 기반을 갖추는 것이 선행되어야 한다. 이를 위해 상호문화적 관점에서 설계된 정착지원 프로그램, 예컨대 언어 및 문화교육, 생활상담, 지역사회 연계 등을 체계적으로 제공하고, 지방정부 차원의 모니터링 및 평가 시스템을 구축해야 한다.

또한 이민정책의 효율성과 체계성을 강화하기 위한 행정조직

개편도 중요하다. 윤석열 정부가 추진했던 법무부 산하 외청 형태의 이민청 설립은 여러 부처에 흩어진 권한을 실질적으로 통합하거나 조정하기 어렵다는 점에서 적절하지 않다. 오히려 총리실 또는 대통령 직속의 이민정책 전담기구를 설치해 범정부 차원의 정책 조율과 부처 간 협업을 주도하는 구조가 필요하다. 더불어 이민정책 중 핵심 분야인 노동인력 수급에 대해서는 독립성과 전문성을 갖춘 기획기구가 별도로 마련되어야 한다. 예를 들어 영국의 이민자문위원회(MAC)는 노동경제 전문가 중심의 독립기구로, 공급 부족 직종에 대한 분석과 우수인재 유치와 관련된 비자 정책을 자문하는 역할을 수행하고 있다. 이와 유사한 방식으로 한국에서도 노동시장 수요 예측과 비자 발급의 연계를 전문적으로 담당할 수 있는 독립기구의 설립을 고려할 필요가 있다.

   이러한 제도적, 구조적 개편은 단기적 이민 수요 대응을 넘어서, 장기적 사회통합과 국가경쟁력 강화를 위한 기반을 구축하는 일이다. '더 큰 대한민국'은 이주자와 함께 성장하고 교류하는 사회 위에서만 가능하다.